Natürliche Lebensmittel

1. Äpfel, 2. Pflaumen,
3. Stachelbeeren, 4. Himbeeren, 5. Johannisbeeren,
6. Blaubeeren, 7. Birnen,
8. Weintrauben, 9. Apfel-
sinen, 10. Bananen, 11. Ananas, 12. Zitronen, 13. Hafer,
14. Gerste, 15. Roggen,
16. Weizen, 17. Reis, 18. Hirse, 19. Haselnüsse, 20. Walnüsse, 21. Paranüsse,
22. Mandeln, 23. Kokosnüsse,
24. Cashewnüsse, 25. Son-
nenblumenkerne, 26. Lein-
samen, 27. Sesam, 28. Mais,
29. Petersilie, 30. Kresse,
31. Zitronenmelisse, 32. Eier,
33. Honig, 34. Radieschen,
35. Mohrrüben, 36. Tomaten,
37. Feldsalat, 38. Blattsalat,
39. Rotkohl, 40. Chinakohl,
41. Kohlrabi, 42. Grünkohl,
43. Quellwasser.

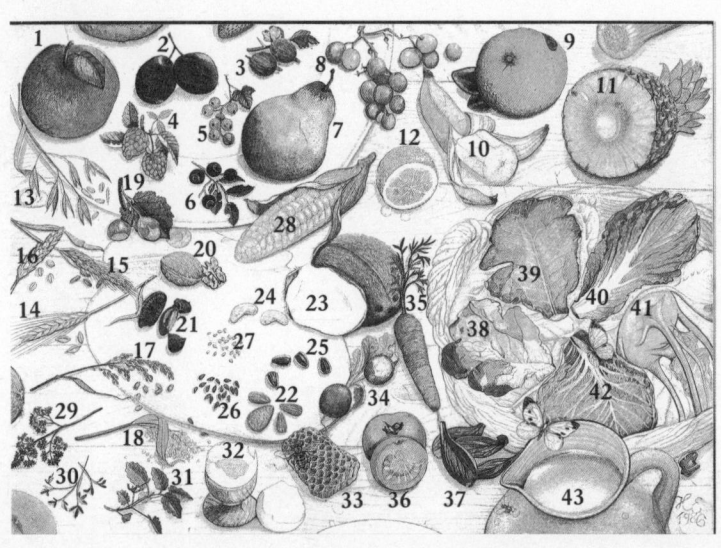

Am wertvollsten sind die
ganz natürlichen Lebensmit-
tel, unter den pflanzlichen
Produkten die lebendigen
Getreidekörner, die Nüsse, die
frischen Gemüse und rohes
Obst, aus dem Tierreich die
rohe Milch und rohe Eier
und unter den Getränken das
Quellwasser. (Zu dem Kapitel:
Die Ordnung unserer Nahrung
S. 32 ff)

Vitalstoffreiche Vollwertkost

Ilse Gutjahr

Die vitalstoffreiche VOLLWERTKOST

nach DR. M.O. BRUKER

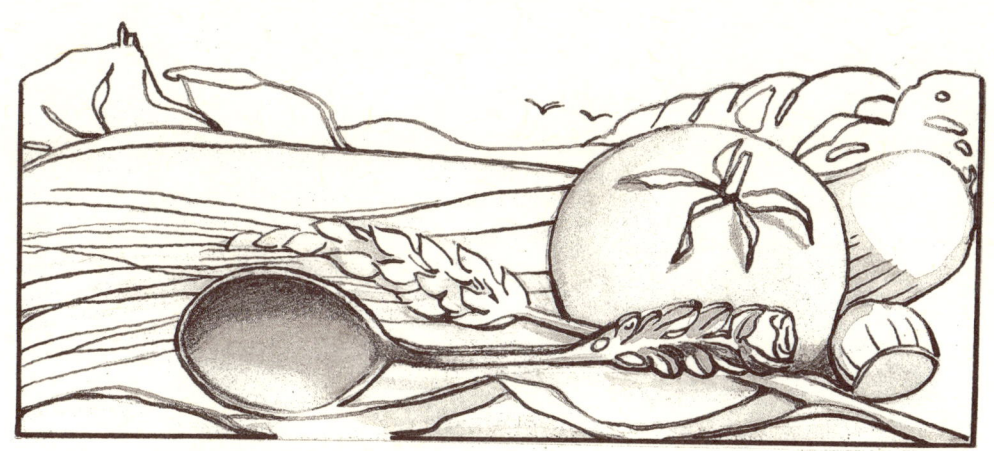

Illustriert von Heinrich Euler

TOMUS

Dr. Bruker: »Alles von mir gekostet!«

Dr. M.O. Bruker mit Frau Ilse Gutjahr, seiner engsten Mitarbeiterin, im Behandlungszimmer

Aus mehreren Gründen muß ich zu diesem Buch einige Worte sagen. Die Autorin ist seit langem meine engste Mitarbeiterin. Sie kennt daher nicht nur die Schwächen der herkömmlichen Ernährungsphysiologie, die letztendlich zu der Lawine der ernährungsbedingten Zivilisationskrankheiten geführt haben, sondern auch die Segnungen der modernen Ernährungslehre. Dr. Maximilian Bircher-Benner hat dazu den Grund gelegt, Prof. Werner Kollath hat die wissenschaftliche Basis geschaffen, und ich habe sie in die Klinik und ärztliche Praxis eingeführt. Es besteht kein

5

»Dieses vielseitige Buch ist etwas

Zweifel, daß sie sich zur Vorbeugung und Behandlung dieser Krankheiten hervorragend bewährt hat.

Als Arzt und Ernährungswissenschaftler habe ich in zahlreichen Büchern die theoretischen Grundlagen dargestellt. Es fehlte noch die praktische Anwendung in der Küche. Das vorliegende Buch füllt diese Lücke. Es ist aber kein Kochbuch üblicher Art, sondern etwas ganz Besonderes. Selbstverständlich enthält es Rezepte. Sie bilden den Anlaß, daß der, der die Speisen zubereitet, so nebenbei und fast unmerklich in die Gedanken der modernen Ernährung eingeführt wird. Das Resultat ist die vitalstoffreiche Vollwertkost. So finden sich in fast spielerischer und doch wissenschaftlich exakter Weise zwischen den Rezepten kurze Grundsatzinformationen über das Wesen einer gesunden Ernährung. Man stößt auf allgemeine Weisheiten und begegnet einer Lebensphilosophie, die unausgesprochen zeigt, daß hinter der Auswahl der Speisen die Bejahung der Schöpfung steht. Als Gewürz wird – neben den üblichen – Humor verwendet.

So kommt es, daß Sie mir in dem vielseitigen Buch ständig begegnen, sei es in Zitaten oder in Hinweisen auf die von mir vertretene moderne Ernährungslehre. Trotzdem be-

ganz Besonderes!«

durfte es bei der Übersetzung der vitalstoffreichen Vollwertkost in die Küchenpraxis einer Künstlerin, die mit lockerer Hand ohne großen küchentechnischen Aufwand einfache, aber doch wohlschmeckende Gerichte erstellt hat. Keines der Gerichte verstößt gegen das Prinzip der modernen Ernährungslehre, und jedes wurde von mir persönlich gekostet und selbstverständlich für gut befunden.

Es muß noch besonders betont werden, daß die vitalstoffreiche Vollwertkost keine Krankenkost ist, sondern eine Art Standardkost für den Gesunden und jeden, der gesund bleiben möchte. Etwas ganz Besonderes ist es aber, daß diese Kostform bei jeder Krankheit als Basiskost verabreicht werden soll. Da sie außerdem frei ist von allen Fabrikzuckerarten, ist sie die Ernährungsform, die von Magen- und Darm-Empfindlichen nicht nur gut vertragen wird, sondern mit der es auch gelingt, chronische Krankheiten der Verdauungsorgane auszuheilen – eine Universalkost.

Ich bin überzeugt, dass dieses einzigartige Buch von Ilse Gutjahr ein Renner wird.

Bircher

7

Wo Sie die Antworten auf Ihre Fragen

finden können ...

Das Wichtigste ist, immer richtig

Rezeptteil

Frischkorngerichte

Soßen

Salate

Bescheid zu wissen ...

Dort müssen Sie nachschlagen, wenn

Sie Informationen suchen ...

Was wäre ein solches Buch ohne

Anders gefragt: Was wäre die vitalstoffreiche Vollwertkost ohne ihn? Wahrscheinlich gäbe es diesen Begriff gar nicht. Also auch nicht dieses Buch. Dr. M.O. Bruker, 1909 in Reutlingen geboren, ist Arzt für innere Medizin und ärztlicher Leiter des Krankenhauses Lahnhöhe, eines überregionalen Zentrums für Ganzheitsmedizin in Lahnstein.

Mit einer ganzheitlichen Behandlung können viele Krankheiten geheilt werden

Arzt aus Berufung ist er, nicht Mediziner im üblichen Sinne. Seit mehr als fünf Jahrzehnten tritt er täglich den Beweis dafür an, daß mit einer ganzheitlichen Behandlung viele Krankheiten verhütet, gelindert, oftmals geheilt werden können. Die umfassenden Erkenntnisse und Erfahrungen aus der jahrzehntelangen ärztlichen Tätigkeit ließen Dr. Bruker immer deutlicher erkennen, daß die ärztlichen Aufgaben in hohem Maße im Bereich der Prophylaxe liegen, damit Krankheiten gar nicht erst entstehen können. Statt der üblichen symptomatischen Linderungsbehandlung ist eine ursächliche Heilbehandlung anzustreben.

»Krankheiten haben einen tieferen Sinn«

»Krankheiten haben Ursachen und einen tieferen Sinn. Was hat diese Krankheit für eine Bedeutung? Warum bekommt der Patient gerade *diese* Krankheit?« Bereits wenige für Dr. Bruker typische Sätze zeigen, wie stark er sich mit dem Patienten

14

identifiziert. Ein Ganzheitsmediziner, wie ihn sich jeder wünscht, der Heilung sucht.

Dr. Bruker spricht eine deutliche Sprache, auch in der Öffentlichkeit. Unbeeinflußt von wirtschaftlichen Interessengruppen zeigt er unbeirrt gangbare Wege für die Bevölkerung auf. Nicht nur im Bereich der Ernährung. Als ganzheitlich denkender und handelnder Arzt engagierte er sich bereits vor 20 Jahren aktiv gegen die Errichtung von Atomkraftwerken, zeigte die Verfilzung der Interessengruppen im Gesundheitswesen in bestechender Klarheit auf.

Dies trug ihm nicht nur Freundschaften ein.

Aber »von einem gewissen Format an hat jeder seine Verfolger vom Dienst«.

Dr. Bruker läßt sich nicht von wirtschaftlichen Interessengruppen beeinflussen

Unermüdliche Information und praktische Durchführung

Die vitalstoffreiche Vollwertkost hat ihre Verbreitung – auch im klinischen Bereich – durch die unermüdliche Information und praktische Durchführung von Dr. M.O. Bruker gefunden. Besonders seine Entdeckung, daß die Verträglichkeit jeder Kostform abhängig ist von der Kombination einzelner Speisen, ist von Bedeutung. Hierbei spielt der Fabrikzucker eine besondere Rolle. Das Problem der Unverträglichkeit ist eines der Haupthindernisse, weshalb sich die vitalstoffreiche Vollwertkost noch nicht stärker durchgesetzt hat.

Die Verträglichkeit der Speisen ist abhängig von ihrer Kombination

Dr. Bruker war maßgeblich daran beteiligt, daß es zu einem Gespräch mit den Vertretern der herkömmlichen Ernährungsphysiologie über die Vollwerternährung kam.

Aber es ist so, wie schon Schopenhauer sagte:

Ein neuer Gedanke wird zuerst verlacht, dann bekämpft, bis er nach längerer Zeit als selbstverständlich gilt. So versucht man auch heute in bestimmten Kreisen, die Erkenntnisse von Dr. Bruker abzuwerten.

Jeder neue Gedanke wird zuerst verlacht

Dieses Buch wäre ohne Dr. M.O. Bruker nicht entstanden

Dies hat die Tatkraft dieses Arztes jedoch nicht geschmälert. Auf die Frage, ob er nicht müde werde, immer wieder gegen Vorurteile anzukämpfen, war seine Antwort: »Sicherlich nicht, denn Druck erzeugt Gegendruck, erst recht bei einem Schwaben. Die unermüdliche Aufklärung über die vorhandenen Mißstände ist meine Aufgabe.«

Viele Patienten, Leser und Freunde danken ihm dieses Engagement. Auch dieses Buch wäre ohne Dr. Bruker nicht entstanden. Alle Texte wurden von ihm geprüft. Die Inhalte sind also vom Spezialisten »abgesegnet«. Sie können sicher sein, daß Sie damit einen »ärztlichen Ratgeber« erworben haben, der Ihnen Sicherheit gibt und das Wesentliche vom Unwesentlichen trennt.

Viele Patienten, Leser und Freunde danken Dr. M.O. Bruker sein Engagement

16

Liebe Leserin, lieber Leser,

liebe Freunde des gesunden Lebens und der Vollwertkost, ich möchte es nicht versäumen, Ihnen zu
erzählen, wie dieses Buch entstanden ist. Seit etwa
drei Jahren besteht Herr Frank vom Tomus-Verlag
hartnäckig darauf. Folgendes Gespräch fand in den
letzten Jahren mit ähnlichem Wortlaut mehrmals
statt:

C.J. Frank	Wir brauchen unbedingt ein Kochbuch von Dr. Bruker.
Dr. Bruker	Aber nicht von uns. Für Kochbücher fühlen wir uns nicht zuständig.
Ilse Gutjahr	Es gibt doch wirklich schon sehr viele und sehr schöne Bücher.
C.J. Frank	Ich will aber eins aus dem Hause Bruker, in dem genau die richtigen Sachen stehen.
Dr. Bruker	Da hat er recht. Gar nicht so übel. Denken Sie mal an all die Anfragen, die wir täglich erhalten, die Unsicherheit, die allgemein herrscht. Doch, Frau Gutjahr, schreiben Sie das mal.
Ilse Gutjahr	Ich bin doch kein Koch im üblichen Sinne und erhebe auch nicht den Anspruch. Wenn überhaupt, dann würde ich nur ein Buch schreiben, in dem die typi-

Wir brauchen ein Buch, in
dem die richtigen Sachen
stehen

17

Ein Ratgeber, in dem
genau steht, was erlaubt ist
und was nicht

Die meisten Leseranfragen
spiegeln die Ängste der
Zeit wider

schen Fragen, die wir ständig in der Post haben, auch beantwortet werden. Also kein typisches Kochbuch, sondern einen Ratgeber, in dem genau steht, was nun eigentlich erlaubt ist und was nicht.

C.J. Frank   Sie wissen am besten, was der Leser will. Sie sitzen an der Quelle.

Ilse Gutjahr   Dem Leser wird immer wieder Angst gemacht. Vor allen Dingen vor gesunden Sachen. Es müßte also ein Buch gegen die Angst werden, ein Buch, das Sicherheit vermittelt.

C.J. Frank   Einverstanden.

Dr. Bruker   Na los, machen Sie das mal. Wer schreibt, der bleibt.

Ja, und nun liegt das Ergebnis vor Ihnen. Ein Pro-Vertrauen/Anti-Angst-Buch könnte man es nennen. Mehr als zehn Jahre kenne ich Dr. M.O. Bruker. Seit mehreren Jahren bearbeiten wir täglich gemeinsam die eingehende Post. Es ist kaum vorstellbar, wie viele Briefe uns täglich erreichen. An manchen Tagen wird ein Wäschekorb für den Transport benötigt. Die meisten Fragen spiegeln die Ängste der Zeit wider. Angst zum Beispiel vor Eisenmangel, Bakterien, Eiweißunterversorgung, Vitamin-B$_{12}$-Mangel, Aids, Blei, Cadmium, atoma-

zu natürlichen Lebensgewohnheiten!

rer Verseuchung, Krebs – schlichtweg Lebensangst. Angst hatten die Generationen vor uns auch. Angst um die Gesundheit des Kindes, des Partners, Angst zum Beispiel vor Mißernten, Hungersnot.

Es fehlt das Geborgenheitsgefühl

Die Angst jedoch, die sich heute breitmacht, ist der Ausdruck eines fehlenden Geborgenheitsgefühls in dieser Welt. Es ist allerdings auch nicht einfach, dieses Geborgenheitsgefühl zu entwickeln. Der Mensch weiß – im Gegensatz zu früheren Generationen – oft nicht mehr, daß er sich auf biologische Grundvorgänge und Grundgesetze verlassen kann. Das Fehlen des Geborgenheitsgefühls in ursprünglich gesicherten Situationen ist im Schöpfungsplan nicht vorgesehen.

Am deutlichsten läßt sich dies immer wieder beispielhaft an der richtigen oder falschen Ernährung aufzeigen. Die Schöpfung (die Natur) hat das ganzheitliche, unverfälschte Lebensmittel für den Menschen vorgesehen: das ganze Getreidekorn – nicht das »Weißmehl« oder »Graumehl«, bei dem die Kleie extra abgesondert ist; die Rohmilch frisch von der Kuh und nicht die »tote« H-Milch; den ganzen Apfel, die frische Frucht und nicht das Kompott aus dem Glas oder der Konservendose. Es liegt an uns, in diesen Bereichen die Schöpfung wieder anzuerkennen und Schritt für Schritt zu natürlichen Lebensgewohnheiten zurückzukeh-

Die Natur hat das ganzheitliche Lebensmittel für den Menschen vorgesehen

19

ren, soweit wir sie noch natürlich vorfinden oder nachvollziehen können.

Es ist unwesentlich, ob das Getreide für den Frischkornbrei nun 5 oder 12 Stunden eingeweicht wird. Wesentlich ist, daß wir das ganze Getreide frisch geschrotet überhaupt wieder essen lernen!

Es ist unverantwortlich von den Medien, vor dem Verzehr von Frischkorngerichten zu warnen, nur weil zum Beispiel Mutterkorn darin vorkommen könnte. Als würden wenige Mutterkörner zu schweren Vergiftungen führen!

Vor unwesentlichen Dingen wird nur zu gern gewarnt, um vom Wesentlichen – nämlich der Bedrohung der gesamten Menschheit durch die toxische Gesamtsituation und die atomare Vernichtung – abzulenken.

Wir müssen das ganze Getreide wieder essen lernen!

Auf zu alten »neuen Wegen«!

Es soll abgelenkt werden von der Kostenlawine im Krankheitswesen, die zum Teil durch die Zunahme der ernährungsbedingten Zivilisationskrankheiten entsteht. Diese wiederum werden hervorgerufen durch den Verzehr denaturierter Fabriknahrungsmittel. Haben wir doch endlich den Mut, die alten »neuen Wege« zu gehen, die vor uns bereits von früheren Generationen beschritten worden sind! Trennen wir das Wesentliche vom Unwesentlichen!

und neuen Lebensmut machen!

Mit einem der vielen Briefe, die uns hier täglich erreichen, erhielten wir auch folgende Zeilen:

> *wo kämen wir hin*
> *wenn alle sagten*
> *wo kämen wir hin*
> *und niemand ginge*
> *um einmal zu schauen*
> *wohin man käme*
> *wenn man ginge.*

Fangen Sie nicht erst morgen, sondern schon heute mit dem Gehen auf den alten neuen Wegen an! Dieses Buch soll zumindest im Ernährungsbereich Sicherheit vermitteln, Angst abbauen und auch sonst darüber hinaus Lebensmut machen.
Ich weiß, wovon ich rede. Ich selbst war etwa 12 Jahre lang schwer krank. Dann traf ich den richtigen Arzt, lernte allmählich den richtigen Umgang mit mir und der Nahrung. Die Beschäftigung mit der vitalstoffreichen Vollwertkost brachte neues Wissen und neue Erkenntnisse in allen Lebensbereichen. Ich lernte wirklich allmählich, das Wesentliche vom Unwesentlichen zu trennen. Welch ein großer Schritt in die Freiheit!
Vielleicht suchen auch Sie einen neuen Anfang. Wenn Ihnen der Einstieg mit diesem Buch gelingen sollte, schreiben Sie an uns. Wir werden uns freuen.
Herzlichst!

Fangen Sie am besten schon heute mit dem Gehen auf neuen Wegen an!

21

Hat eine vitalstoffreiche Vollwertkost

Die Frage ist berechtigt.

Die toxische Gesamtsituation bereitete auch schon vor dem GAU in Tschernobyl genügend Probleme!

Trotzdem wird ein uneingeschränktes JA zur Vollwertkost ausgesprochen, denn gegen radioaktive Substanzen gibt es keine andere Wahl!

Man kann gegen die Radioaktivität aus Atomkernspaltung nichts, gar nichts tun! Die einmal erzeugten radioaktiven Substanzen können durch keine Methode auf dieser Welt beseitigt werden.

Allein der Umstand, daß die künstlich erzeugte Radioaktivität nicht vernichtet werden kann, macht sie zu einem einmaligen Sonderfall, der keinen Vergleich zuläßt.

Wir sind die ersten Generationen, die mit diesen unumstößlichen, brutalen Fakten konfrontiert werden.

Nach einem derartigen GAU ist die Umwelt für Jahrtausende durch radioaktive Substanzen verseucht – ohne Ausnahme.

Es hat keinen Sinn, sich mit Vorräten an Trockenmilch einzudecken und sich vorwiegend aus Konserven zu ernähren oder Getreide vom Vorjahr zu hamstern!

> *Der verantwortliche Arzt kann auf wirtschaftliche Gesichtspunkte keine Rücksicht nehmen.*
> *Er ist der wissenschaftlichen Wahrheit verpflichtet.*
> Dr. M.O. Bruker

Sagen Sie uneingeschränkt JA zur Vollwertkost!

Es hat keinen Sinn, sich mit Vorräten einzudecken

nach Tschernobyl noch einen Sinn?

Was ist danach?
Die Belastung ist da und bleibt für Generationen.
Zusätzlich schwächt die denaturierte Konservenkost den Organismus und macht ihn weniger
widerstandsfähig.

Es gibt nur eine logische Schlußfolgerung,
die uns und unseren Nachkommen Hilfe bringen
kann: die Atomkernspaltung zu unterlassen,
die Atomkraftwerke zu schließen
und die Atombomben zu vernichten.

»*Man greift im Atomgeschäft immer noch zu den drei Zweck-*
lügen, daß die fossilen Energieträger Kohle und Öl in absehbarer
Zeit den Energiebedarf bei steigendem Verbrauch nicht decken,
daß der Strom durch Kernspaltung viel billiger würde als bei kon-
ventioneller Herstellung und daß Atomkraftwerke völlig gefahrlos
seien.«

Um Gesundheit kümmert man sich

Auch ich glaubte natürlich jahrelang, meine Familie und mich gesund zu ernähren – nach den goldenen Regeln der DGE (Deutsche Gesellschaft für Ernährung), den Empfehlungen der Ärzte, den neuesten »wissenschaftlichen« Erkenntnissen.

Alle Diäten waren erfolglos

Gut war, was allgemein empfohlen wurde und was der Supermarkt anbot

Was konnte daran auch falsch sein? Gut war das, was allgemein empfohlen wurde, was ausgewogen war und was der »Markt« (Supermarkt) anbot. Vom Einfluß von Interessengruppen hatte ich damals noch keine Ahnung.

Ich persönlich »vertrug« zum Beispiel viele Speisen

Leben ist wissenschaftlich nicht zu erfassen. Deshalb ist der Begriff der Lebendigkeit in den Augen der sogenannten Wissenschaft unwissenschaftlich.

Dr. M.O. Bruker

---

nicht. Also probierte man mit mir und probierte ich selbst zahllose Diäten aus. Ohne Erfolg. Dieser heikle Punkt wurde mit einem einzigen Satz von

24

erst, wenn man sie nicht mehr hat

Dr. M.O. Bruker zurechtgerückt: »Im Rahmen einer richtig zusammengestellten vitalstoffreichen Vollwertkost gibt es keine Unverträglichkeit.« So war es dann auch! Allerdings – ein bißchen Vollwertkost hilft nicht! Wenn schon Beschwerden vorliegen, dann sollte die Änderung konsequent durchgeführt werden.

Ein bißchen Vollwertkost hilft nicht!

Die Vollwertkost enthält alle wichtigen biologischen Wirkstoffe

Eine vitalstoffreiche Vollwertkost ist weitgehend frei von Fabriknahrungsmitteln. Sie enthält nicht nur die Grundnährstoffe Eiweiß, Fett, Kohlenhydrate, sondern alle biologischen Wirkstoffe, die der Organismus für gesunde Stoffwechselabläufe benötigt. Diese Wirkstoffe werden nach Prof. Schweigart als Vitalstoffe bezeichnet. Darunter verstehen wir Vitamine (wasserlösliche und fettlösliche), Mineralstoffe, Spurenelemente, Enzyme (Fermente), ungesättigte Fettsäuren, Aromastoffe und Faserstoffe. Letztere werden fälschlicherweise als Ballaststoffe bezeichnet.
Bei einer vitalstoffreichen Vollwertkost werden keine Verbote ausgesprochen, sondern Empfehlungen. Sie brauchen nur vier Dinge zu meiden und vier andere zu beachten, die der tägliche Speiseplan enthalten sollte.

Dieses Buch spricht nur Empfehlungen aus, keine Verbote

25

Die **4** *Nahrungsmittel,*

1.

Alle Fabrikzuckerarten

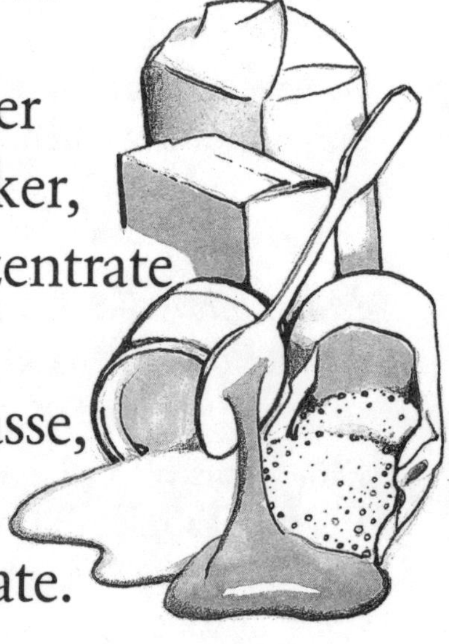

Dazu gehören weißer und brauner
Zucker, Traubenzucker, Fruchtzucker,
Milchzucker, Malzzucker, Zuckerkonzentrate
wie Ahornsirup, Rübensirup,
Birnendicksaft, Apfeldicksaft, Melasse,
Sucanat und andere
sogenannte Vollrohrzucker-Präparate.

*

2.

Auszugsmehl

und Produkte daraus
wie weiße Nudeln, Weißbrot, Graubrot,
Brötchen, Kuchen, Pudding usw.

die Sie meiden sollten!

3.

Alle raffinierten Fette

wie gewöhnliche Margarinen und Öle

*

4.

Für Leber-, Galle-, Magen-
und Darmempfindliche:

Alle Säfte aus
Obst und Gemüse,

gleichgültig ob selbst hergestellt
oder gekauft, und *gekochtes Obst.*

*

In vielen Fällen ist auch eine Einschränkung
des tierischen Eiweißes notwendig.

Die 4 Speisen, die Sie

1.
Vollkornbrote,
möglichst viele verschiedene Sorten

2.
3 Eßlöffel Getreide
in Form eines Frischkornbreis
oder Frischkorngerichts

3.
Eine Frischkostbeilage,
bestehend aus rohem Obst und
rohem Gemüse, Frischkostsalaten

4.
Naturbelassene Fette,
das heißt Butter, Sahne,
sogenannte kaltgepreßte Öle.

täglich essen sollten!

Bitte einprägen:

Die Frischkost immer *vor* der gekochten Kost essen.

*

<u>Der Frischkornbrei ist das Kernstück der Vollwerternährung.</u>

*

Es spielt keine Rolle, zu welcher Tageszeit Sie ihn verzehren!

Folgende Krankheiten sind ernährungsbedingt und lassen sich durch eine vitalstoffreiche Vollwertkost verhüten und sinnvoll behandeln:

Zähne

1. *Der Gebißverfall;* die Zahnkaries und die Parodontose.

Gelenke

2. *Die Erkrankungen des Bewegungsapparates;* die sogenannten rheumatischen Erkrankungen, die Arthrose und Arthritis, die Wirbelsäulen- und Bandscheibenschäden.

Stoffwechsel

3. *Alle Stoffwechselkrankheiten* wie Fettsucht, Zuckerkrankheit, Leberschäden, Gallensteine, Nierensteine, Gicht usw.

Alle Krankheiten haben eine einheitliche Ursache: den Verstoß gegen die Schöpfungsgesetze.

Dr. M.O. Bruker

Verdauung

4. *Die meisten Erkrankungen der Verdauungsorgane* wie Stuhlverstopfung, Leber-, Gallenblasen-, Bauchspeicheldrüsen- sowie Dünn- und Dickdarmerkrankungen, Verdauungs- und Fermentstörungen.

Blutgefäße

5. *Gefäßerkrankungen* wie Arteriosklerose, Herzinfarkt, Schlaganfall und Thrombosen.

30

6. *Mangelnde Infektabwehr,* die sich in immer wie-
derkehrenden Katarrhen und Entzündungen der
Luftwege, den sogenannten Erkältungen, äußert
sowie in Nierenbecken- und Blasenentzündun-
gen.

Infektionen

7. Manche organische *Erkrankungen des Nerven-
systems.*

Nerven

8. Auch an der *Entstehung des Krebses* soll die
Fehlernährung im gewissen Maße beteiligt sein.
Bestehen diese Krankheiten bereits, lassen sie sich
oftmals zum Stillstand bringen oder lindern.

Krebs

Die alten Gewohnheiten dürfen nicht beibehalten werden

Die Empfehlungen der Deutschen Gesellschaft
für Ernährung (DGE), die unter anderem im
Ernährungsbericht 1984 abgegeben wurden,
reichen dafür allerdings nicht aus.

Die pauschale Aussage, daß wir zu viel, zu fett, zu
süß und zu salzig essen, bleibt in Allgemeinheiten
stecken und trifft den Kern der Sache nicht.

Zu viel, zu fett, zu süß
und zu salzig ist ungenau

Im Gegenteil, da alles zufriedenstellend zu sein
scheint – einschließlich der toxischen Gesamtsituation –, werden die alten Gewohnheiten beibe-
halten, und der allgemeine Gesundheitsverfall
schreitet fort.

Sehen Sie sich auf den nächsten Seiten einmal im
Bild an, was eine vitalstoffreiche Vollwertkost ist.

Die Ordnung unserer Nahrung

Prof. Werner Kollath, ein bedeutender Ernährungswissenschaftler (1892–1970),

A. Lebensmittel

Lebensmittel sind natürlich und lebendig, das zeigt sich in ihrem eigenen Stoffwechsel. Sie enthalten alle notwendigen Vitalstoffe, sie erhalten uns gesund.

	a) natürlich	b) mechanisch verändert	c) fermentativ
Pflanzenreich	**Samen I** Ölsaaten Nüsse Mandeln Oliven	**Öle** zerkleinerte Ölsaaten	**Eigenfermente** Hefe Bakterien
	Samen II Getreide	**Mahlprodukte** Vollkornmehl Schrote	**Breie** ungekocht aus Vollkorn
	Früchte Honig	**Salate** aus Früchten Naturtrübe Säfte	**Gärsäfte**
	Gemüse	**Salate** aus Gemüsen	**Gärgemüse** Sauerkraut
Tierreich	**Eier** **Milch**	**Blut** **Milchprodukte**	**Fleisch** Schabefleisch **Gärmilch** Quark, Käse
Getränke	**Quellwasser**	**Leitungswasser**	**Gärgetränke**

nach Professor Werner Kollath

unterteilte die Nahrung in Lebensmittel und Nahrungsmittel.

B. Nahrungsmittel

Nahrungsmittel im engeren Sinne sind bereits durch
Erhitzung, Konservierung und Präparierung verändert.
Mit ihnen können wir unsere Gesundheit nicht erhalten.
Allenfalls machen sie uns satt. Das allein reicht jedoch nicht aus.

d) erhitzt	e) konserviert	f) präpariert
Gebäcke aus Vollkorn	**Gebäcke** Dauerbackwaren auch aus Vollkornmehl	**Pflanzliche Präparate** **Fabrikfette:** raffinierte Öle Margarinen, Eiweiß **alle Fabrikzuckerarten** weißer Zucker, brauner Zucker, Trauben-, Frucht-, Milch-, Malzzucker, Süßigkeiten, Sirup, Zuckerkonzentrate **Produkte aus Auszugsmehl** (Weißmehl, Graumehl) Stärke, Grieß, Nudeln, geschälter Reis
Breie gekocht aus Vollkorn		
Früchte	**Fruchtkonserven** Marmeladen	Aromastoffe, Vitamine, Wuchsstoffe, Fermente, Nährsalze
Gemüse	**Gemüse-** konserven	
Fleisch Fisch **Gekochte Milch**	**Tierkonserven** **Milchkonserven** H-Milch	**Tierpräparate** **Milchpräparate** Säuglingsnahrung Trockenmilch
Extrakte Teearten Brühe	**Gemische** Kunstwein	**Destillate** Künstl. Mineralwasser Branntwein

Natürliche Lebensmittel
(Bild siehe Umschlaginnenseite vorne).

Am wertvollsten sind die ganz natürlichen Lebensmittel, unter den pflanzlichen Produkten die lebendigen Getreidekörner, die Nüsse, die frischen Gemüse und rohes Obst, aus dem Tierreich die rohe Milch und rohe Eier und unter den Getränken das Quellwasser.

Mechanisch veränderte Lebensmittel

Die nächste Stufe: die durch sog. kalte Pressung gewonnenen Öle, die Vollkornmehle und -schrote, die naturtrüben frischen Säfte und die Salate aus Frischgemüsen. Die Milchprodukte Rahm, Magermilch, Buttermilch, Butter und Molke gehören hierher, da sie lediglich durch mechanische Eingriffe gewonnene Teilprodukte sind. Sie sind aber in biologischem Wert deutlich zweitrangig gegenüber der naturbelassenen Vollmilch, obwohl sie noch zu den lebendigen Nahrungsprodukten gehören.

Der frische Obstsaft, der zwar wertvoller ist als gekochtes oder eingemachtes Obst, kann das frische Obst nicht voll ersetzen, da die auxonhaltigen Rückstände im Trester bleiben. Dasselbe gilt für die Öle, während die auxonfreie Butter durch auxonhaltige Buttermilch ergänzt und dadurch wieder zu einem ganzheitlichen Komplex zusammengefügt werden kann. Damit soll der Wert des sogenannten kaltgeschlagenen Öls, das hochungesättigte Fettsäuren und fettlösliche Vitamine enthält, nicht gemindert werden. Es soll aber gezeigt werden, daß es innerhalb der Nahrungsprodukte eine Rangordnung gibt.

Das Leitungswasser ist gegenüber dem Quellwasser ein mechanisch verändertes Produkt. Außerdem ist es durch den Zusatz von Chlor verändert, es droht der Zusatz von Fluor.

Mechanisch veränderte Lebensmittel

1. Kaltgepreßte Öle
2. Leitungswasser
3. Zerkleinertes Obst
4. Naturtrüber Saft
5. Zerkleinertes Gemüse
6. Vollkornschrot
7. Vollkornmehl
8. Gemahlene Nüsse
9. Gemahlene Ölsaaten
   (z.B. Leinsamen)
10. Butter

Fermentativ veränderte Lebensmittel

1. Milchsaures Gemüse (Gurke)
2. Most
3. Sauerkraut
4. Hefe
5. gemahlenes, eingeweichtes Getreide
6. Frischkornbrei
7. Käse (Schnittkäse)
8. Bier
9. Wein

Fermentativ veränderte Lebensmittel

Hierzu gehören durch Eigenfermente, Hefe und Bakterien umgewandelte Nahrungsmittel wie die Vollkornschrot-Breie, die Gärsäfte, die milchsauren Gärgemüse (z.B. Sauerkraut), das Schabefleisch, die Gärmilch, Quark, Käse, und die alkoholischen Getränke Wein und Bier. Die Minderung der Wertigkeit der fermentativ veränderten Lebensmittel beruht auf dem Verlust an Vitaminen durch Oxydation. Diesem Nachteil stehen aber Vorteile gegenüber, indem der Geschmack durch Bildung von neuen Aromastoffen bereichert wird und andererseits Stoffe entstehen, die krankheitsverhütende Wirkung haben, wie z.B. die Milchsäure, die in der Krebsverhütung eine Rolle spielt. Außerdem sind z.B. die Hefen imstande, Vitamine (z.B. Vitamin B1) zu produzieren. So kann durch Hefe aus minderwertigem entkeimtem Grau- oder Weißmehl ein aufgewertetes Brot entstehen.

Durch Erhitzung veränderte Nahrungsmittel

Durch die Erhitzung werden die nahrungseigenen Fermente und die Aroma- und Duftstoffe vernichtet, der Vitamingehalt wird herabgesetzt, und das Verhältnis der einzelnen Vitamine untereinander wird wegen der unterschiedlichen Hitzeempfindlichkeit verschoben. Die Mineralsalze werden ausgelaugt, und auch hier wird infolge der unterschiedlichen Löslichkeit der einzelnen Salze das ursprüngliche Verhältnis der Mineralien zueinander verändert.

Durch Erhitzung veränderte Nahrungsmittel

1. *Gekochte Kartoffeln (Pellkartoffeln und Salzkartoffeln)*
2. *Vollkornbrot*
3. *Gemüsesuppe*
4. *Gebratenes Fleisch*
5. *Pasteurisierte Butter*
6. *Vollkornnudeln*
7. *Käse*
8. *Pasteurisierte und homogenisierte Milch*
9. *Gekochtes Getreide (Reis)*
10. *Gekochtes Ei*
11. *Gekochter Fisch*

Durch Konservierung veränderte Nahrungsmittel

1. Vollkornknäckebrot
2. H-Milch
3. Vollkornbrot mit Konservierungsstoffen
4. Gemüsekonserven
5. Marmeladen
6. Fisch mit Konservierungsstoff
7. Fischkonserven
8. Wurstkonserven
9. Babynahrung
10. Obstkonserven
11. Trockenobst, geschwefelt
12. Wurst mit Konservierungsstoff

Durch Konservierung veränderte Nahrungsmittel

Eine noch weitere Verschlechterung erleidet die Nahrung bei der nächsten Gruppe der Nahrungsmittel, den Konserven. Spricht man von Konserven, denkt jeder zunächst an Nahrungsmittel in Büchsen. Dabei wird es kaum jemandem bewußt, daß auch Gebäcke, Torten, Kuchen und Dauerbackwaren zu den Konserven zählen. Die Konservierung geschieht durch Erhitzung, Trocknung und durch chemische Verfahren. Bei der chemischen Konservierung kommt es zusätzlich noch zu gesundheitlichen Schäden durch den Konservierungsstoff.

Durch Präparierung veränderte Nahrungsmittel

Die biologisch minderwertigsten Nahrungsstoffe finden wir in der letzten Rubrik, bei den sogenannten Präparaten. Alle Produkte, die in diese Gruppe gehören, sind durch technische Prozesse gewonnen. Zum Teil sind sie aus Lebensmitteln hergestellt, indem bestimmte Nährstoffe isoliert herausgezogen werden. Die dabei entstehenden Nährstoffe haben völlig andere Wirkungen als ihre Ausgangsprodukte. Wenn man einen strengen Maßstab an das Wort Nahrungsmittel anlegt, dürften eigentlich die Nährpräparate gar nicht unter die Nahrungsmittel gerechnet, und müßten sie von einer Nahrungsmitteltabelle gestrichen werden.

Damit gehören auch Teigwaren und das Brot aus Auszugsmehl, also das Weißbrot und Graubrot, zu den minderwertigsten Nahrungsmitteln. Dasselbe gilt für die Kunstfette, die Margarinen und die chemisch gewonnenen Öle, die Stärkepräparate und alle Fabrikzuckerarten. Sie enthalten zwar Grundnährstoffe (Fette, Kohlenhydrate) in konzentrierter Form und entsprechen damit den Vorstellungen der alten Ernährungslehre, sind aber praktisch frei von Vitalstoffen.

Bei Milchpräparaten gilt es zu bedenken, daß gerade die Säuglinge, die eine besonders vollwertige Kost aus der Rubrik der natürlichen Lebensmittel nötig hätten, mit den wertärmsten Präparaten aufgezogen werden.

Durch Präparierung veränderte Nahrungsmittel

1. Raffiniertes Öl
2. »Kraftspender«
3. Weißer Haushaltszucker
4. Toastbrot
5. Auszugsmehl
6. Milchpulver
7. Fruchtzucker
8. Weiße Nudeln
9. Graubrot
10. Brötchen
11. Weißbrot
12. Milchzucker
13. Birnendicksaft
14. Margarine
15. Torte
16. Schnaps
17. Vitamintabletten
18. Schokolade
19. Bonbons
20. Geschälter und gekochter Reis
21. Pralinen
22. Speiseeis

Wir achten auf Qualität, wir zählen

Die meisten Ernährungsratschläge basieren auch heute noch auf den Empfehlungen der alten Ernährungslehre, die den Wert einer Nahrung nach dem Kaloriengehalt berechnet. Diese herkömmliche Ernährungsphysiologie vertrat den Standpunkt, daß die Nahrung des Menschen ausreichend sei, wenn sie die drei Grundnährstoffe Eiweiß, Fett und Kohlenhydrate jeweils in ausreichender Menge enthalte. Als Maßstab für die Menge wurde die Wärmeeinheit, die Kalorie, angesehen. Man errechnete den Wert einer Kost nach ihrem Kaloriengehalt und folgerte, daß ein Nahrungsmittel um so wertvoller sei, je mehr Kalorien es enthielte. Da außerdem bekannt war, daß alle Kohlenhydrate bei der Verdauung im menschlichen Körper in Traubenzucker umgewandelt werden, erschien es ganz folgerichtig, möglichst viel raffinierten Zucker zu essen, um dem Körper einen leicht verdaulichen und konzentrierten Nährstoff zuzuführen. Es begann somit der Siegeszug des Fabrikzuckers und der Auszugsmehle. Alle Nahrungsbestandteile, die nicht aus einem der drei Grundnährstoffe – Eiweiß, Fett oder Kohlenhydrate – bestanden, wurden als unnötiger »Ballast« angesehen.

Eine radikale Wandlung in der herkömmlichen Ernährungslehre trat mit der Entdeckung der Vitamine zu Beginn unseres Jahrhunderts ein.

Der Siegeszug des Fabrikzuckers beruht auf einem Irrtum

keine Kalorien

In den letzten Jahrzehnten wurden in den Lebensmitteln ständig neue Stoffe gefunden, die sich zur Vermeidung ernährungsbedingter Zivilisationskrankheiten als unerläßlich herausstellten und somit die Fehler der etablierten Ernährungslehre aufzeigten. Entscheidend ist der Gehalt an Vitalstoffen, an lebensnotwendigen, dynamischen Substanzen in der Nahrung – die Lebendigkeit macht die eigentliche Qualität aus, nicht die Kalorie und nicht die Quantität.

Krankheiten zeigen die Fehler der etablierten Ernährungslehre auf

Lebensmittel muß man nicht »veredeln«

Trotz dieser neuen unumstößlichen Erkenntnisse hat jedoch weder die Wissenschaft noch die Wirtschaft die notwendigen Schlußfolgerungen gezogen. Man versucht weiterhin, auf teilweise widersinnige Art die Natur zu verbessern. Seitdem sich die Industrie in den letzten einhundert Jahren der Herstellung der Nahrungsmittel angenommen hat, erhitzt, konserviert, präpariert, isoliert und »veredelt« man weiter, bis letztendlich vom ursprünglichen Lebensmittel nichts mehr zu erkennen ist. Das Präparat beherrscht den Markt. Nach Udo Pollmer wird der nächste Fortschritt im Nahrungsmittelbereich das »Simulat« sein. Vielleicht wird eines Tages aus Hühnerfedern Quark produziert, aus Torf Brot gemacht ...
Den zivilisierten Menschen stehen heute Nahrungsmittel in Form von Isolaten zur Verfügung,

Das Präparat beherrscht heute den Markt

45

die es vor etwa 100 Jahren überhaupt nicht gab. Unsere Vorfahren lebten von natürlichen Lebensmitteln, wie sie der Bauer erzeugte. Heute hat sich zwischen Erzeuger (Bauer) und Endverbraucher weltweit eine Nahrungsmittel-Lobby eingeschaltet, die mit »Veredelungsprozessen« und Zusatzstoffen nicht zimperlich umgeht.

Durch die fabrikatorische Verarbeitung der ursprünglichen Lebensmittel kommt es zwangsläufig zu erheblichen Veränderungen in dem Verhältnis der einzelnen Nährstoffe zueinander und zu einem Verlust bzw. einer Wertminderung der für die Gesundheit unabdingbaren Vitalstoffe.

Früher war Qualität als Maßstab eine Selbstverständlichkeit. Heute werden »Eßerlebnisse« verkauft und Qualitätsvorstellungen künstlich erweckt.

Gut, warum nicht auch einmal eine Konserve kaufen – für alle Fälle, als Notreserve. Aber mit einer Grundausstattung von Lebensmitteln läßt sich auch der unverhofft auftauchende Besuch beköstigen. Bei richtiger Lagerung ist zum Beispiel Getreide lange haltbar. Und damit wären wir schon fast beim nächsten Kapitel. Auf jeden Fall sollten wir uns bei der vitalstoffreichen Vollwerternährung an einen Satz Professor Kollaths halten: »Laßt die Nahrung so natürlich wie möglich!« Oder nach Dr. M. O. Bruker: »Essen Sie wie ein Bauer vor 100 Jahren« – also keine Fabriknahrungsmittel!

Die fabrikatorische Verarbeitung verändert die Lebensmittel erheblich

»Laßt die Nahrung so natürlich wie möglich!«

46

Jahren: Gesundheit aus dem Korn!

Kennen Sie das Märchen von der Kornähre?

Vorzeiten, als Gott noch selbst auf Erden wandelte, da war die Fruchtbarkeit des Bodens viel größer, als sie jetzt ist: damals trugen Ähren nicht fünfzig- oder sechzigfältig, sondern vier- bis fünfhundertfältig. Da wuchsen die Körner am Halm von unten bis oben hinauf: So lang er war, so lang war auch die Ähre. Aber wie die Menschen sind, im Überfluß achten sie des Segens nicht mehr, der von Gott kommt, werden gleichgültig und leichtsinnig.

Eines Tages ging eine Frau an einem Kornfeld vorbei, und ihr kleines Kind, das neben ihr sprang, fiel in eine Pfütze und beschmutzte sein Kleidchen. Da riß die Mutter eine Handvoll der schönen Ähren ab und reinigte ihm damit das Kleid. Als der Herr, der eben vorüberkam, das sah, zürnte er und sprach: »Fortan soll der Kornhalm keine Ähre mehr tragen. Die Menschen sind der himmlischen Gabe nicht länger wert.« Die Umstehenden, die das hörten, erschraken, fielen auf die Knie und flehten, daß er noch etwas möchte an dem Halm stehen lassen: wenn sie selbst es auch nicht verdienten, doch der unschuldigen Hühner wegen, die sonst verhungern müßten. Der Herr, der ihr Elend voraussah, erbarmte sich und gewährte die Bitte.

Also blieb noch oben die Ähre übrig, wie sie jetzt wächst.

Es geht nichts über das Natürlichste:

Werden wir uns dieser Gabe wieder bewußt! Lernen wir wieder den Umgang mit diesem wertvollsten aller Lebensmittel!
Eugen Roth schrieb folgendes:

> *Ein Mensch gelangt mit Müh und Not*
> *vom Nichts zum ersten Stückchen Brot.*
> *Vom Brot zur Wurst geht's dann schon besser;*
> *der Mensch entwickelt sich zum Fresser.*
> *Und sitzt nun scheinbar ohne Kummer*
> *als reicher Mann bei Sekt und Hummer.*
> *Doch sieh, zu Ende ist die Leiter:*
> *Vom Hummer aus geht's nicht mehr weiter.*
> *Beim Brot, so meint er, war das Glück,*
> *doch findet er nicht mehr zurück.*

Technischer Fortschritt brachte uns ernährungsbedingte Zivilisationskrankheiten

Der Mensch findet nicht mehr zurück, meint Eugen Roth. Versuchen wir es doch wenigstens. Wie war es früher? Das ganze Getreide wurde vermahlen und verzehrt. Naturvölker, wie zum Beispiel die Nomaden in Tibet, verzehren bis auf den heutigen Tag den Getreidebrei ungekocht.
Der griechische Arzt Diokles von Karystos schrieb um 400 v. Chr.:

> »*Wem an seiner Gesundheit liegt, der esse morgens einen Brei aus Gerstenschrot. Die Gerste wird auf*

das Getreide

gewissen Vorrat zwischen Steinen grob geschrotet, mit Wasser zu einem Brei verrührt, und dieser wird an der Sonne getrocknet. Der Tagesbedarf wird abgebrochen, zerkleinert, mit Wasser, vielleicht auch Milch verrührt gegessen.«

Von Christus können wir lesen, daß er am Sabbat mit seinen Jüngern durch Getreidefelder ging. Seine Jünger pflückten Ähren ab, zerrieben sie mit den Händen und aßen sie. Seit etwa 6000 Jahren gibt es Brot. Immer aus dem vollen Getreidekorn gebacken. Erst Ende des letzten Jahrhunderts brachte der Einbruch der Technik in den Lebensmittelbereich einschneidende nachteilige Veränderungen, die als Fortschritt gepriesen wurden. Man erfand Mühlen, die die wertvollen äußeren Schichten und den Keim des Getreidekorns entfernten; das weiße, haltbare, minderwertige Auszugsmehl entstand. Die Erfindung des Fabrikzuckers ging mit der Herstellung des Auszugsmehls parallel. Mit dem Verzehr dieser beiden raffinierten Kohlenhydrate war der Grund gelegt für die Entstehung der ernährungsbedingten Zivilisationskrankheiten.

Das, was erfahrene Ärzte und Wissenschaftler wie Bircher-Benner, Kollath, Bruker seit Jahrzehnten täglich in der Praxis nachwiesen und noch nachweisen, wurde belächelt und als unwissenschaftlich abgetan.

Die Natur kennt keine Strafen, sondern Konsequenzen. Selbst eingefleischte Vertreter der her-

Der Einbruch der Technik in den Lebensmittelbereich brachte negative Veränderungen

Die Erkenntnisse erfahrener Ärzte wurden belächelt

49

Der Mensch braucht Tag für Tag in

kömmlichen Ernährungsphysiologie müssen nun angesichts der rapide zunehmenden Krankheits- und Kostenlawine Abstriche und Zugeständnisse machen. Der Zusammenhang zwischen dem Verzehr denaturierter Fabriknahrungsmittel und daraus entstehenden ernährungsbedingten Zivilisationskrankheiten kann nicht mehr übersehen und nicht mehr bestritten werden. In einigen Bereichen, zum Beispiel beim Rheuma, wird es noch versucht, aber die Zeit arbeitet gegen die herkömmliche Ernährungsphysiologie.

Was ist denn so Besonderes dran am Getreide? Auf engstem Raum liefert es alle notwendigen Nährstoffe und Vitalstoffe, die wir Menschen brauchen.

Der Verzehr denaturierter Nahrungsmittel führt zu ernährungsbedingten Zivilisationskrankheiten

»Das lebende Ganze ist mehr als die Summe seiner Teile«

Von zubereitetem Fleisch können wir allein nicht leben. Wir würden nach wenigen Wochen an innerer Vergiftung sterben. Das war früher im asiatischen Raum übrigens eine der gewaltlosen Hinrichtungsmethoden: Der Verurteilte bekam einige Wochen nur Fleisch zu essen. Mit vollem Getreide könnten wir jedoch lange Zeit überleben. Es enthält Eiweiß, Fett und Kohlenhydrate, wasser- und fettlösliche Vitamine, Mineralstoffe und andere Vitalstoffe. Besonders wichtig ist das Vitamin B_1, mit dem die Bewohner der zivilisierten

50

ausreichender Menge Vitamin B$_1$

Welt ohnehin unterversorgt sind. Mindestens 1,5 mg B$_1$ benötigt der Mensch täglich, im Durchschnitt führt er sich jedoch nur 0,8 mg von diesem wichtigen Vitamin zu.

Ein Vollkornbrötchen enthält ungefähr 0,17 mg Vitamin B$_1$. Um annähernd die gleiche Menge aus Auszugsmehl zu erhalten, müßte man sich mindestens fünf weiße Brötchen und mehr einverleiben – je nach Beschaffenheit des Auszugsmehls.

Die Aufstockung der Menge löst das Problem des Defizits jedoch nicht, denn »das lebende Ganze ist mehr als die Summe seiner Teile« (Chr. v. Ehrenfels). Es fehlen andere wichtige Vitalstoffe im Auszugsmehlprodukt, die eben – einmal zerstört – nicht mehr zurückzuholen sind.

Die weltweite Herstellung von Auszugsmehlen und Produkten daraus müßte zu den strafbaren Handlungen gehören, denn der Hunger in der Dritten Welt wird zum Beispiel indirekt durch unsere üppige Mangelkost mit herbeigeführt.

Die für die Gesundheit wichtigen Stoffe stecken in den Bestandteilen des Korns, die man bei der Herstellung von Auszugsmehl entfernt. Diese als »Ballast« angesehenen Wirkstoffe werden an das Vieh verfüttert – rückständig wie zu Beginn dieses angeblichen Fortschritts vor etwa 100 Jahren. Oder – ganz paradox – er wird als abführende Kleie oder Kleietabletten wieder teuer an den Mann/die Frau gebracht, die an Verstopfung leiden.

Vollkornbrot enthält viel mehr Vitamin B$_1$

Wichtige Bestandteile des Korns werden entfernt und an das Vieh verfüttert

Das Getreidekorn ist die beste lebende

Nicht nur die Vitalstoffversorgung ist durch den Verzehr von Vollgetreide gesichert, sondern auch die Deckung des Eiweißbedarfs. Im Durchschnitt enthält Getreide 9 bis 14% Eiweiß. Aber – wie schon erwähnt – es befindet sich hauptsächlich in den Randschichten, im Getreidekeim, und diese werden bei der üblichen Mehlherstellung entfernt. Zurück bleibt der »tote« Stärkekern, wie im Auszugsmehl Type 405 zum Beispiel – das übliche Mehl für Torten und Weißbrot. Mit hochwertigen Fetten versorgt uns das Getreidekorn ebenfalls. Der Fettanteil beträgt etwa 2 bis 4%. Hafer enthält sogar 7%. Etwa die Hälfte dieser Fette besteht aus mehrfach ungesättigten Fettsäuren, die als Träger der fettlöslichen Vitamine A, D, E und K ebenfalls hohe Bedeutung für die Gesundheit haben. Im ganzen Getreidekorn ist das Fett so gut eingebettet, daß es nicht ranzig wird und bei richtiger Lagerung jahrelang haltbar bleibt. Das Getreidekorn ist die natürlichste »Konserve« der Natur. Wird das Korn gemahlen, erfolgt durch den Zutritt von Sauerstoff eine Wertminderung. Das Fett wird rasch ranzig, das Vollkornmehl ist daher nicht lange lagerfähig. Auszugsmehl kann dagegen fast unbegrenzt aufbewahrt werden. Für diesen scheinbaren Vorteil zahlen wir jedoch einen hohen Preis: den Verlust der Gesundheit, bedingt durch den Mangel an Vitalstoffen in unserer denaturierten Nahrung.

Die ungesättigten Fettsäuren des Korns enthalten lebenswichtige Vitamine

Das Brot ernährt uns nicht,
was uns im Brote speist,
ist Gottes ewges Wort,
ist Leben und ist Geist.
Angelus Silesius

52

»Konserve« der Natur

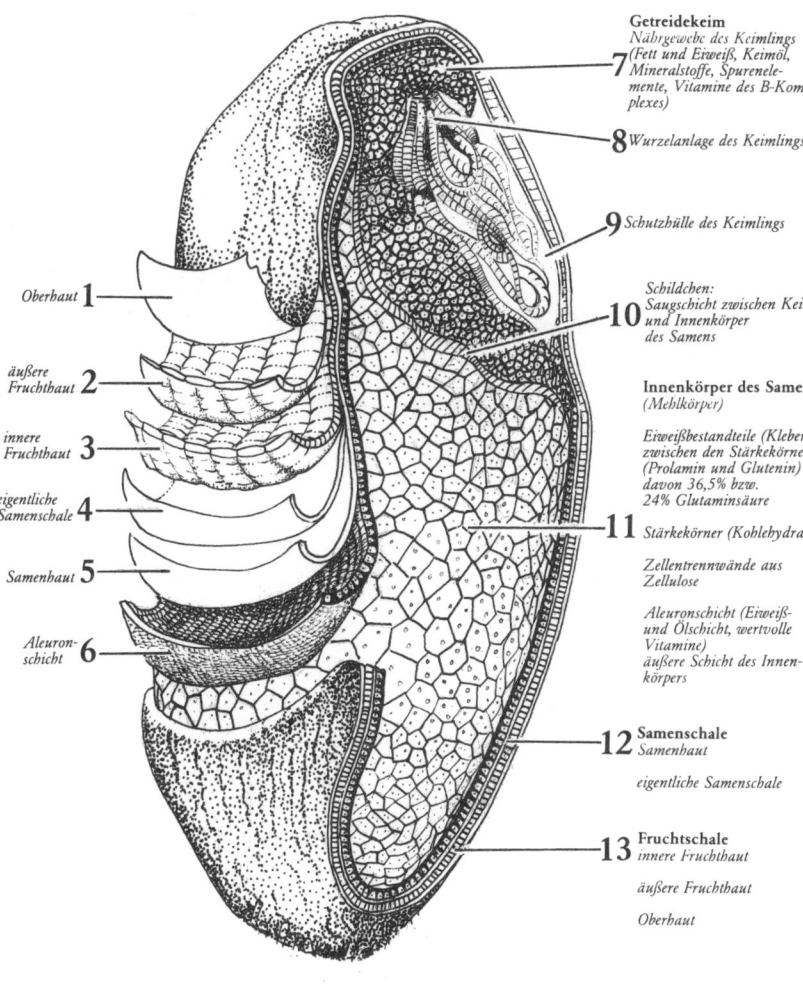

Getreidekeim
*Nährgewebe des Keimlings
(Fett und Eiweiß, Keimöl,
Mineralstoffe, Spurenele-
mente, Vitamine des B-Kom-
plexes)*

7

8 *Wurzelanlage des Keimlings*

9 *Schutzhülle des Keimlings*

*Schildchen:
Saugschicht zwischen Keim
und Innenkörper
des Samens*

10

Innenkörper des Samens
(Mehlkörper)

*Eiweißbestandteile (Kleber)
zwischen den Stärkekörnern
(Prolamin und Glutenin)
davon 36,5% bzw.
24% Glutaminsäure*

11 *Stärkekörner (Kohlehydrate)*

*Zellentrennwände aus
Zellulose*

*Aleuronschicht (Eiweiß-
und Ölschicht, wertvolle
Vitamine)
äußere Schicht des Innen-
körpers*

12 **Samenschale**
Samenhaut

eigentliche Samenschale

13 **Fruchtschale**
innere Fruchthaut

äußere Fruchthaut

Oberhaut

Oberhaut **1**

*äußere
Fruchthaut* **2**

*innere
Fruchthaut* **3**

*eigentliche
Samenschale* **4**

Samenhaut **5**

*Aleuron-
schicht* **6**

Weizenkorn

Querschnitt durch ein Getreidekorn

Getreidekeim
*enthält hochwertiges Eiweiß,
Keimöl, Mineralstoffe, Vita-
mine des B-Komplexes und
Spurenelemente.*
Mehlkern
*Hieraus wird Auszugsmehl
hergestellt. Enthält Kleber und
Kohlenhydrate sowie ver-
schwindend geringe Anteile
an Vitaminen und anderen
Vitalstoffen.*
Aleuronschicht
*Eiweiß- und Ölschicht mit
Lezithin. Reich an Fermenten
und Vitaminen.*
Samenschale
*Eiweiß- und sehr mineral-
stoffreich.*
Fruchtschale
*Ballast- und vitalstoffhaltige
Randschichten.*

53

Die herkömmliche Ernäh-
rungswissenschaft kann
nicht erklären, was Leben
ist

Leben – gesundes Leben – kann eben nur aus
Lebendigem entstehen bzw. erhalten werden.
»Getreide und Mensch – eine Lebensgemein-
schaft«, so lautet der Titel eines Buches von Prof.
Kollath. Eine peinliche Lücke im Wissensstand
der herkömmlichen Ernährungsphysiologie ist die
Tatsache, daß diese Wissenschaft nicht erklären
kann, was Leben ist, was das Leben ausmacht. Nur
so ist es wohl zu verstehen, daß sie das Leben – den
Keim – aus dem wichtigsten Lebensmittel, dem
Getreide, entfernte und es noch immer geschehen
läßt.

Die Produktion im Nahrungsmittelbereich ist vorrangig nach wirtschaftlichen Gesichtspunkten aus-
gerichtet. An keinem Lebensmittel läßt sich dies so
deutlich aufzeigen wie an der Entwertung des
wichtigsten Grundlebensmittels Getreide.

Prof. Thürkauf von der Universität Basel sagt mit
Recht:

»Die Wissenschaftler werden in der kommenden
Kultur zuerst fragen (müssen): Was tue ich? und
erst dann: Wie tue ich?«

Nur dann wird für uns alle ein Überleben möglich
sein.

Kennen Sie, was Sie essen?

Die Nahrung setzt sich zusammen aus Grundnährstoffen und biologischen Wirkstoffen, den
sogenannten Vitalstoffen.

unsere Nahrung eigentlich?

Zu den Grundnährstoffen gehören *Eiweiß, Fett* und *Kohlenhydrate*, sie sind Energielieferanten. Als Vitalstoffe bezeichnen wir nach Prof. Schweigart diejenigen Wirkstoffe, die für einen richtig funktionierenden Stoffwechselablauf notwendig sind.

Eiweiß, Fett und Kohlenhydrate gehören zu den Grundnährstoffen

Alles über Eiweiß

Eiweiß (Protein) ist der Träger des Lebens. Es bildet den Hauptbestandteil alles Lebendigen. Jede Körperzelle enthält Eiweiß. Es muß für den Aufbau und Ersatz von Körpergewebe zugeführt werden. Es gibt pflanzliches und tierisches Eiweiß.
Eiweiße bestehen aus Aminosäuren, den sog. Eiweißbausteinen. Die einzelnen Eiweiße enthalten die Aminosäuren in unterschiedlichen Verhältnissen. Jedes Lebewesen hat sein arteigenes Eiweißmuster. Von den 20 Aminosäuren kann der menschliche Organismus 8 Aminosäuren (wahrscheinlich) nicht selbst herstellen. Man bezeichnet sie als essentielle Aminosäuren. Sie müssen mit der Nahrung aufgenommen werden.
Früher hat man angenommen, daß nur die tierischen Eiweiße alle essentiellen Aminosäuren enthielten. Seit langem weiß man, daß auch pflanzliche Eiweiße alle essentiellen Aminosäuren

Jedes Lebewesen hat ein arteigenes Eiweißmuster

55

Der Körper braucht weniger Eiweiß,

Ihre Nahrung sollte so abwechslungsreich wie möglich sein

enthalten, aber – ebenso wie die tierischen – die einzelnen Aminosäuren in unterschiedlichen Mengen.

Die logische Schlußfolgerung ist, sich nicht nur von einem einzigen pflanzlichen Lebensmittel zu ernähren, sondern die Nahrung so abwechslungsreich und vielseitig wie möglich zusammenzustellen.

Das Eiweiß mancher Getreidesorten ist zum Beispiel relativ arm an der Aminosäure Lysin, Gemüse dafür reich an dieser essentiellen Aminosäure. Eine Kombination von Getreide und Gemüse ist also empfehlenswert und garantiert eine vollwertige Eiweißversorgung.

Pflanzenkost reicht dem Menschen

Es ist seit etwa vier Jahrzehnten bekannt, daß der Mensch seinen Eiweißbedarf aus reiner Pflanzenkost ausreichend decken kann. Trotzdem haben weltweit Ernährungswissenschaftler und auch die DGE (Deutsche Gesellschaft für Ernährung) immer wieder versucht, die Bedeutung und Notwendigkeit von tierischem Eiweiß hervorzuheben. Noch in den sechziger Jahren empfahl der damalige Präsident der DGE, Prof. Kühnau, 220 g Eiweiß pro Tag zu sich zu nehmen! Die heutigen Empfehlungen lauten 0,8 g pro kg Körpergewicht. Ein Richtwert, der immer noch zu hoch angesetzt ist und das Wesentliche unberücksichtigt läßt.

Bei vegetarischer Kost empfiehlt »man« vorsichtshalber die Ergänzung durch Milch, Milchprodukte und Ei (ovo-lacto-vegetabil), damit die ausreichende Eiweißversorgung gewährleistet ist. Alle diese Aussagen der etablierten Ernährungsphysiologie sind aus mehreren Gründen unzureichend.

Auf den Unterschied kommt es an!

Wie soll der Normalverbraucher im täglichen Leben derartige Laborwerte für sich errechnen? Außerdem ist dies für die Praxis völlig unnötig. Es wird nicht die Individualität des einzelnen berücksichtigt. Zum anderen ist das Eiweißproblem nicht nur ein Aminosäureproblem.

Ebensowenig wird beachtet, daß es von entscheidender Bedeutung ist, ob das Eiweiß in lebendiger (nativer) oder »toter« (denaturierter) Form zugeführt wird. Prof. Kollath hat in wiederholten Tierfütterungsversuchen bewiesen, daß ein grundsätzlicher Unterschied zwischen *nativem* und *denaturiertem* Eiweiß besteht. Ein chemischer Unterschied ist nicht nachweisbar, im biologischen Versuch ist der Unterschied jedoch gravierend.

Zur Erhaltung oder Wiedererlangung der Gesundheit ist die Zufuhr von nativem Eiweiß absolut erforderlich.

Die Muttermilch enthält etwa 1,4 bis 2% Eiweiß.

Es besteht ein wichtiger Unterschied zwischen nativem und denaturiertem Eiweiß

57

Mindestens ein Drittel der Nahrung

Der gestillte, gesunde Säugling verdoppelt dabei sein Gewicht in weniger als einem Jahr, gleichgültig, welche Mengen er pro Tag trinkt.

Pflanzen enthalten durchschnittlich 3 bis 4% Eiweiß. Wird ein Teil der pflanzlichen Nahrung in unerhitzter Form gegessen, erfolgt optimale, weil qualitativ hochwertige Zufuhr. Eine Berücksichtigung der Quantität ist dann nicht notwendig.

Unerhitzte Nahrung ist qualitativ hochwertiger

Da der erwachsene Mensch im Gegensatz zum Säugling keinen Aufbaustoffwechsel, sondern einen Erhaltungsstoffwechsel hat, benötigt er wahrscheinlich weniger als ein heranwachsendes Kind, also weniger als 1,4 bis 2% Eiweiß.

Zahlreiche Versuche zeigen, daß Gesundheit und Leistungsfähigkeit bei einer Eiweißaufnahme gewährleistet sind, die weit unter den angegebenen und geforderten Normen liegt.

Eiweiß – erhitzt oder unerhitzt?

Bei Zufuhr von pflanzlichem Eiweiß kommt es nicht zu krankhaften Ablagerungen im Organismus. Der Verzehr von zuviel tierischem denaturiertem Eiweiß führt jedoch – nach Prof. L. Wendt – zu Eiweißspeicherkrankheiten.

Es stellt sich also in erster Linie nicht die Frage, ob pflanzliches oder tierisches Eiweiß notwendig und gesünder ist, sondern ob das Eiweiß erhitzt oder unerhitzt gegessen wird. Damit scheidet der Ver-

sollte aus Frischkost bestehen!

zehr von Tieren aus, da sie ja – mit wenigen Ausnahmen – nicht roh gegessen werden.

Das Essen von Tieren (gebraten, gebacken,
gekocht, gegrillt) und Produkten aus Tieren geht
zu Lasten der hungernden Menschen in der Dritten Welt und ist außerdem ein ethisches Problem.
Es ist bei einer vitalstoffreichen Vollwertkost also
lediglich die Faustregel zu beachten, daß der
Gesunde mindestens ein Drittel Frischkost in vielseitiger Form zu sich nehmen sollte, der Kranke
mindestens die Hälfte seiner Nahrung als Frischkost, also: Getreide, Obst, Blattsalat sowie über
und unter der Erde gewachsene Gemüsesorten.
Dann ist der Eiweißbedarf mit Sicherheit gedeckt.
Wenn von Laien, den Medien, aber auch Ärzte-
kreisen wieder einmal verbreitet wird, der Pflan-
zenesser sei nicht ausreichend mit Eiweiß versorgt,
lassen Sie sich in Zukunft nicht verunsichern. Die
praktischen ärztlichen Erfahrungen über Jahr-
zehnte beweisen genau das Gegenteil.

Faustregel: Möglichst viel
Frischkost

Lassen Sie sich nicht
verunsichern! Vegetarier
sind ausreichend mit
Eiweiß versorgt

Alles über Fette

Ein weiterer Energielieferant und Träger fettlös-
licher Vitamine ist das Fett. Wir unterscheiden
pflanzliche und tierische Fette.
Fett besteht aus Glycerin und Fettsäuren.
Es gibt gesättigte und ungesättigte Fettsäuren. Beide sind wichtig. Den ungesättigten Fettsäuren
kommt eine besondere Bedeutung zu, weil z.B. die

Butter verursacht keinen Herzinfarkt

Wichtig: Verwenden Sie
naturbelassene Fette

Linolsäure essentiell ist, das heißt, daß sie vom Organismus nicht selbst hergestellt wird, sondern mit der Nahrung zugeführt werden muß. Wesentlich ist jedoch, daß wir naturbelassene Fette verwenden, die nicht raffiniert wurden.

Ähnlich wie beim Eiweißproblem wird auch beim Fett von seiten der etablierten Ernährungswissenschaft auf eine korrekte Darstellung des Grundproblems verzichtet. Die Gründe sind wirtschaftlicher Art.

Allen Ängstlichen sei vorweg gesagt:

Fett macht nicht fett!

Die Krankheit Fettsucht entsteht nicht durch Fettverzehr, sondern es hängt von den Stoffwechselvorgängen des einzelnen ab, was der Organismus aus der zugeführten Nahrung macht.

Fett und Kohlenhydrate werden normalerweise vom gesunden Organismus zu Kohlensäure und Wasser abgebaut.

Wenn der Körper also in krankhafter Weise Fett ablagert, muß man nach der Ursache fragen. Warum laufen in diesem Fall die Stoffwechselvorgänge nicht normal ab? In den meisten Fällen ist die Fettsucht eine Folge vitalstoffarmer Kost, verursacht durch den Verzehr raffinierter Kohlenhydrate, die in krankhafter Weise als Fett deponiert werden.

Fettsucht ist oft eine Folge
vitalstoffarmer Kost

und auch keine Arteriosklerose!

Entscheidend ist also auch hier *nicht die Quantität*, das Kalorienzählen, mit dem so viele Fettsüchtige ihre Gewichtszunahme bekämpfen wollen, *sondern die Qualität* der Nahrung. Führt man dem Übergewichtigen eine vitalstoffreiche Vollwertkost zu, so kann der Organismus seine physiologische Arbeit vollführen und es tritt keine Fettsucht auf, bzw. eine bereits vorhandene verschwindet. Die Gründe, die die tierischen Fette – besonders die Butter – in Verruf brachten, sind mehrfacher Art. Bei der Arteriosklerose und dem Herzinfarkt befinden sich cholesterinhaltige fettartige Ablagerungen auf den Innenwänden der Blutgefäße. Da das Cholesterin nur in tierischen und nicht in pflanzlichen Fetten vorkommt, macht man die tierischen Fette für die Zunahme des Herzinfarktes verantwortlich, zumal auch der Fettverzehr mit dem Anstieg des Herzinfarktes parallel geht. Cholesterin gilt als »Risikofaktor«, der Fettverzehr sollte nach der allgemeinen Lehrmeinung auf etwa 70 g pro Tag eingeschränkt werden. Diese Theorien sind falsch.

Es gibt ausreichend Beobachtungen, die beweisen, daß die Cholesterinmenge, die mit der Nahrung zugeführt wird, für die Entstehung der Arteriosklerose nicht von Bedeutung ist.

Da nicht nur tierische Fette Cholesterin enthalten, sondern auch andere tierische Produkte, die zum Teil in viel größeren Mengen verzehrt werden,

Was brachte Butter in Verruf?

Der Verzehr von Butter verursacht keine Arteriosklerose und keinen Herzinfarkt!

61

müßte man zum Beispiel auch vor Fleisch, Schweineleber, Kalbshirn und Eiern warnen.

Cholesterin ist lebensnotwendig. Der Organismus stellt es selbst her, so daß die Cholesterinmenge im Blut gar nicht von dem in der Nahrung zugeführten Cholesterin abhängig zu sein braucht. Auch bei gänzlicher Vermeidung tierischer Fette kommen hohe Cholesterinwerte im Blut vor.

Es gibt Fälle schwerster Arteriosklerose, bei denen im Blut keine Vermehrung der Fettstoffe vorhanden ist, und umgekehrt gibt es Fälle mit hohen Cholesterinwerten, in denen fettarme Kost keine Besserung bringt.

Unser Körper stellt selbst Cholesterin her

Warum ein intakter Stoffwechsel so wichtig ist

Im übrigen ist der Cholesteringehalt im Blut nicht konstant. Er schwankt genauso wie zum Beispiel der Blutdruck. Es gibt Menschen, die ständig einen erhöhten Cholesterinspiegel haben – und trotzdem vollkommen gesund sind.

Die Lösung des Problems liegt an einer ganz anderen Stelle. *Was der Körper mit dem Fett anfängt, ist einzig und allein abhängig von der Stoffwechsellage des betreffenden Menschen, d.h. ein intakter Stoffwechsel ist imstande, das angebotene Fett richtig zu verarbeiten, so daß es nicht zu krankhaften Ablagerungen kommt. Die Ursache der Arteriosklerose liegt also – wie bei der*

Ein gesunder Stoffwechsel verarbeitet das Fett richtig

62

Körper direkt verwerten kann

Fettsucht – nicht beim Fett, sondern äußert sich in einer Störung des Fettstoffwechsels.

Die Tatsache, daß die Arteriosklerose und der Herzinfarkt seit Jahrzehnten in genau demselben Maße zunehmen wie die anderen ernährungsbedingten Zivilisationskrankheiten, läßt überhaupt gar keinen Zweifel offen, daß ihrer Entstehung auch dieselben Ursachen zugrunde liegen: der Verzehr raffinierter Kohlenhydrate.

Vorsicht vor dem Verzehr raffinierter Kohlenhydrate!

Im Rahmen einer vitalstoffreichen Vollwertkost kann (und muß) ein bereits arteriosklerotisch Erkrankter selbstverständlich ohne jede Bedenken Butter verzehren. Butter ist das einzige Fett, das nicht erst in der Leber umgewandelt werden muß, sondern direkt vom Körper verwendet werden kann. Sie ist besonders bekömmlich und verträglich und sollte deshalb auch von Leber-, Galle-, Magen-, Darm- und Bauchspeicheldrüsenkranken gegessen werden.

Tip für alle, die empfindlich sind an Leber, Galle, Darm, Bauchspeicheldrüse

Bei gekochten Speisen ist darauf zu achten, daß das Fett nicht mitgekocht, sondern nach dem Kochprozeß zugesetzt wird. Dadurch zieht das Fett nicht zu stark in die Speise ein, ist leichter verdaulich und erfordert weniger Verdauungssäfte.

Das sollten Sie unbedingt über Fleisch

Hunger durch Überfluß

Anklage der benachteiligten Bevölkerung in der Dritten Welt.

Ich war hungrig, und ihr habt meine Nahrungsmittel eurem Vieh gefüttert.

Ich war hungrig, und eure Konzerne pflanzten auf meinen besten Böden eure Wintertomaten.

Ich war hungrig, und ihr wolltet nicht auf das Steak aus Südamerika verzichten.

Ich war hungrig, aber wo Reis für meine tägliche Mahlzeit wachsen könnte, wird Tee für euch angebaut.

Ich war hungrig, aber ihr habt aus Zuckerrohr und Maniok Treibstoff für eure Autos destilliert.

Ich war hungrig, aber die Abwässer eurer Fabriken vergiften die Fischgründe.

Ich war hungrig, aber mit eurem Geld habt ihr mir die Nahrungsmittel weggekauft.

Ich war hungrig, aber für eure Schlemmer werden exotische Früchte auf meinem Land angebaut.

Ich war hungrig, aber ihr habt mir nicht zu essen gegeben!

(entnommen: Arbeitsheft BROT FÜR DIE WELT, Stuttgart)

Verschwendung durch Fleischverzehr

Die Erzeugung von 1 Kalorie tierischer Nahrung (Fleisch, Milch, Eiern) erfordert durchschnittlich 7 Kalorien pflanzlicher Nahrungsmittel. In zunehmendem Maße werden dafür Futtermittel eingesetzt, die auch als Nahrungsmittel für den Menschen direkt verwendbar wären. An der Spitze steht das Getreide, vorrangig Mais, Weizen und Soja.

Wenn Weizen bei direkter Verwendung als Nahrungsmittel (Brot) einen Einsatz von 1:1 erfordert, so beträgt dieser kalorienmäßig bei der Verwendung als Futtermittel für die Erzeugung von Hühnerfleisch zum Beispiel 12:1, das heißt 11 von 12 Nahrungskalorien gehen verloren! Bei Eiern liegt der Einsatz bei 4:1, bei Rindfleisch 10:1, Schweinefleisch 3:1, Milch 4:1. Im Durchschnitt ergibt dies das Verhältnis von 7:1.

Der große Fleischkonsum in den Industrieländern stellt eine ungeheure Verschwendung dar.

Ein Schweizer konsumiert pro Jahr 79 kg Fleisch. Ein Franzose verspeist im Durchschnitt sogar 96 kg, ein Österreicher 79 kg, ein Deutscher 90 kg.

Diese Angaben wurden 1972 erstellt.

Der Verzehr von Fleisch und Fleischprodukten ist nicht zurückgegangen, sondern weiterhin gestiegen. 1984/85 lag der Fleischkonsum in der Bundesrepublik bei ca. 94 kg pro Kopf und Jahr.

Durch unser maßloses Verhalten fördern wir den Hunger in der Dritten Welt, denn die für die Tiermast notwendigen Produkte müssen von dort importiert werden. Etwa 50% der Futtermittel werden bereits eingeführt.

Die Nahrung der Reichen wird also auf dem Boden der Armen gezüchtet.

und Kohlenhydrate wissen

Alles über Kohlenhydrate
(Saccharide)

Kohlenhydrate sind organische Verbindungen, die überwiegend von Pflanzen gebildet werden. Alle Zucker- und Stärkearten werden als Kohlenhydrate zusammengefaßt. Sie haben ihren Namen daher, daß sie chemisch nur aus Kohlenstoff (C) und Wasser (Hydrat) bestehen.
Zucker heißt lateinisch saccharum; danach werden alle zuckerhaltigen Nährstoffe auch Saccharide genannt. Es gibt nun Kohlenhydrate, die aus vielen Zuckermolekülen zusammengesetzt sind. Sie heißen
Polysaccharide = Vielfach- oder Mehrfachzucker
Es sind die Stärkearten. Dabei ist interessant, daß diese Stärke selbst nicht süß ist, obwohl sie aus vielen Zuckermolekülen besteht.

Stärke selbst ist nicht süß

Dann gibt es Kohlenhydrate, die nur aus zwei Zuckermolekülen bestehen; das sind die
Disaccharide = Zweifachzucker
Ihr bekanntester Vertreter ist der gewöhnliche Haushaltszucker, die Saccharose = chemisch Rohrzucker. Er besteht aus einem Molekül Fruchtzucker und einem Molekül Traubenzucker.
Zu den Disacchariden zählen ebenfalls Malzzucker und Milchzucker.

65

Monosaccharide = Einfachzucker
Fruchtzucker und Traubenzucker sind nicht nur Bestandteil des Rohrzuckers, sondern kommen auch selbständig in süßen Lebensmitteln vor, besonders im Obst.

Diätpläne erwecken falschen Eindruck

Bei der Umwandlung der Kohlenhydrate im Stoffwechsel des Körpers kommt es zu einer Zerlegung in einfache Zuckerarten, z.B. in Traubenzucker, der wiederum bis zu den Endprodukten Kohlensäure und Wasser abgebaut wird. Das Wasser wird mit dem Urin und Schweiß ausgeschieden und die Kohlensäure in gasförmiger Form bei der Atmung über die Lunge ausgeatmet. Wenn der Stoffwechsel in Ordnung ist, bleiben also beim Kohlenhydratabbau – genauso wie beim Fettabbau – keine schwer ausscheidbaren Endprodukte übrig. In vielen Diätplänen wird die Einschränkung von Kohlenhydraten verlangt bzw. empfohlen. Es entsteht dadurch der Eindruck, als seien Brot, Nudeln oder Kartoffeln reine Kohlenhydrate. Es muß aber streng unterschieden werden zwischen Lebensmitteln, die Kohlenhydrate in natürlicher Form enthalten, und den isolierten Kohlenhydraten. Es muß weiterhin richtig heißen: Brot enthält Kohlenhydrate, und nicht: Brot ist ein Kohlenhydrat, Kartoffeln enthalten Kohlenhydrate, und nicht: Kartoffeln sind Kohlenhydrate.

Lassen Sie sich nicht von Diätplänen verunsichern

66

bedingten Zivilisationskrankheiten

Nach den vorausgegangenen Erläuterungen ist es einleuchtend, daß ein Lebensmittel (z.B. Getreide, Zuckerrübe, Kartoffel), das neben Kohlenhydraten auch noch Vitalstoffe enthält sowie Eiweiß und Fett, eine ganz andere Wirkung zeigt als die isolierten Kohlenhydrate Auszugsmehl und Fabrikzucker.

Setzt man diese raffinierten Präparate allerdings mit dem Begriff Kohlenhydrate gleich, ist die Warnung vor dem Verzehr angebracht.

Schädlich sind nur die isolierten Kohlenhydrate

Es fehlt die klare Aussage

Auch dieses Beispiel zeigt deutlich, wo die Versäumnisse der etablierten Ernährungswissenschaft liegen. Es fehlt die exakte Differenzierung und klare Aussage zum Wohle des Verbrauchers. Die Schlüsselpositionen im Bereich der Gesundheitsaufklärung werden überwiegend von Vertretern der Interessengruppen besetzt, bei deren Ernährungsempfehlungen es sich um Schreibtischtheorien handelt. Das lawinenartige Anwachsen der ernährungsbedingten Zivilisationskrankheiten ist das Ergebnis der Fehlinformationen.

Was sind Vitalstoffe?

Unter Vitalstoffen verstehen wir die aktiven Wirkstoffe der lebenden Organismen. Dazu gehören Vitamine (wasserlösliche mit dem Vitamin-B-

Vitamine besitzen Eigenschaften,

Komplex, fettlösliche), Mineralstoffe, Spurenelemente, Enzyme/Fermente, ungesättigte Fettsäuren, Aromastoffe und Faserstoffe (sog. Ballaststoffe).

Alles über Vitamine

Das sind Vitalstoffe, die im pflanzlichen Organismus als Phytohormone wirksam sind und von Mensch und Tier meist nicht selbst gebildet werden können. In der Regel müssen sie mit der Nahrung zugeführt werden. Vitamine besitzen krankheitsverhütende und heilende Eigenschaften. Man unterscheidet wasserlösliche und fettlösliche Vitamine. Wasserlösliche sind in Lebensmitteln enthalten, die wasserhaltig sind, also vorwiegend in rohem Obst, Gemüse und Getreide. Fettlösliche Vitamine sind in fetthaltigen Lebens- und Nahrungsmitteln enthalten, z.B. Butter, Sahne, naturbelassenen Ölen, Nüssen, Getreide usw. Die meisten Lebensmittel enthalten alle Vitamine.
Vitamine gehen durch äußere Einflüsse wie Licht, ionisierende Strahlen, Sauerstoff oder Hitze zum Teil oder völlig verloren. Künstliche Vitaminpräparate sind kein Ersatz für die richtige Ernährung.

Mineralstoffe/Spurenelemente

sind für die menschliche, tierische und pflanzliche Ernährung unentbehrlich.
Als Spurenelemente werden Mineralstoffe zusam-

Vitamine müssen meist mit der Nahrung zugeführt werden

mengefaßt, die nur in winzigen Mengen benötigt werden. Das Fehlen eines nicht austauschfähigen notwendigen Spurenelementes führt nach geraumer Zeit zum Tode, während lang anhaltender Mangel zur Erkrankung der Zellsysteme führt.

Enzyme (Fermente)

Hierbei handelt es sich um die wichtigste Gruppe der Vitalstoffe. Es geht keine chemische Reaktion im organischen Bereich vor sich, ohne daß sie von ihnen gelenkt und ermöglicht wird. Die meisten Vitamine wirken wie Enzyme. Deshalb bezeichnet man auch den Vitamin-B-Komplex als Fermentsystem. Enzyme sind hochkomplizierte Eiweißstoffe, die besonders hitzeempfindlich sind.
Nicht nur im menschlichen und tierischen Körper werden die chemischen Prozesse durch Enzyme gesteuert, auch die Pflanzen und damit die pflanzlichen Lebensmittel enthalten Enzyme, die für die Verdauung von Bedeutung sind. Erhitzung der Nahrung bedeutet Enzymvernichtung. Damit wird deutlich, welch nachteiligen Eingriff die übliche Erhitzung der Lebensmittel darstellt.

Durch Erhitzung der Nahrung werden Enzyme vernichtet

Ungesättigte Fettsäuren

Die Bedeutung der naturbelassenen Fette ist schon erwähnt. Ungesättigte Fettsäuren sind reaktionsfreudiger als gesättigte und können mit anderen Stoffen im Organismus Verbindungen eingehen.

Faserreiche Nahrung fördert Wachstum

Besonders die Linolensäure und die Arachidonsäure sind für den Menschen unentbehrlich.

Aromastoffe

Sie geben den Speisen ihren besonderen und einmaligen Geschmack. Wohlgerüche lassen eine Mahlzeit zu einem besonderen Erlebnis werden. Zur Erhaltung des Appetits und zur Anregung sind sie notwendig. Mit der Zunge können wir nur die vier Geschmacksqualitäten süß, sauer, bitter und salzig schmecken.

Faserstoffe

Faserstoffe werden im internationalen Sprachgebrauch als *fibre* bezeichnet. Im deutschen Sprachraum benutzt man den unglücklich gewählten Begriff Ballaststoffe. Diese Bezeichnung ist irreführend, weil die Natur kein Lebensmittel mit (belastendem) Ballast ausstattet. Faserstoffe sind ein Sammelbegriff für biologische Wirkstoffe. Dazu zählen Zellulose, Lignine, Hemi-Zellulose, Pektin.

Sie befinden sich hauptsächlich in den Randschichten des Getreides, aber auch in Obst, Gemüse (Hülsenfrüchten) und Kartoffeln. Allgemein gelten sie als unverdaulich. Nimmt man jedoch als Beispiel die Zellulose, so stellt sich heraus, daß sie durch die spezifischen Enzyme Zellulase aufgespalten – also doch verdaut – werden kann.

Bei den Faserstoffen konnte man vielfältige Wir-

Warum Sie nicht »Ballaststoffe« sagen sollten

notwendiger Darmbakterien

kungen nachweisen. Sie haben quellende und absorptive (aufsaugende) Eigenschaften. Faserreiche Nahrung liefert einen besseren Nährboden für das Wachstum notwendiger Darmbakterien. Faserstoffe haben einen dämpfenden Einfluß auf den Anstieg der Blutzuckerkurve, sie tragen zur Bindung freier Gallensäuren sowie zur Senkung des Fettgehalts des Körpergewebes bei.

Bereits diese wenigen Beispiele zeigen, daß hier keine Ballaststoffe vorliegen, sondern hochwirk-

Faserstoffe haben viele wichtige Eigenschaften

Ausmahlungsverluste bei Weizen

Verhältnis Vollkorn zu Auszugsmehl Type 405 (Durchschnittswerte)

Mineralstoffe/ Spurenelemente	Verlust in %	Vitamine	Verlust in %
Eisen	84	Vitamin B$_1$	86
Kupfer	75	Vitamin B$_2$	69
Magnesium	52	Vitamin B$_6$	50
Mangan	71	Niacin	86
Kalium	76	Panthothensäure	54
Calcium	50	Provitamin A	100
		Vitamin E	100

Faserstoffe (sog. Ballaststoffe)
im Weizenkorn (Vollkorn) fast 100
im Roggenkorn (Vollkorn) fast 100

same Substanzen, die zu den Vitalstoffen zählen. Vermeiden Sie also den irreführenden Begriff Ballaststoffe, zumal darunter fälschlicherweise in breiten Bevölkerungsschichten die Kleie verstanden wird.

Auch hier waren es vor allem wirtschaftliche Interessen, die für die Verbreitung dieses Begriffs sorgten. Man stellte aus Kleie Präparate her und benützte dafür das Wort Ballaststoffe.

Auch die selbstgepreßten Säfte sind unvollständige Teilnahrungsmittel. Es ist ein Irrtum, zu glauben, daß im Saft alle Vitamine enthalten sind. Bei der Saftherstellung gehen zwar die wasserlöslichen Vitamine in den Saft, andere wichtige biologische Wirkstoffe bleiben jedoch in den Rückständen, im Trester.

Viele wertvolle Wirkstoffe bleiben bei der Saftherstellung im Trester

Ein weiterer Nachteil: Säfte können – ähnlich wie Fabrikzucker und gekochtes Obst – Unverträglichkeitserscheinungen erzeugen, besonders innerhalb einer vitalstoffreichen Vollwertkost in Kombination mit Vollkornbrot, Frischkost und Frischkornbrei.

Das Trinken des Saftes kann krankhafte Störungen auslösen, weil die Resorption zu schnell erfolgt. Um zum Beispiel 1 kg Möhren zu essen, benötigt es eine beträchtliche Zeit, da jeder einzelne Bissen durch Kauen zerkleinert werden muß. Langsam gelangt ein Bissen nach dem anderen in den Magen, ebenso allmählich folgen die weiteren Verdauungsvorgänge.

Der Saft muß vom Körper zu schnell resorbiert werden

Anders liegen die Verhältnisse, wenn der Saft von 1 kg Möhren getrunken wird, was in Sekunden möglich ist.

Obstsaft und Gemüsesaft kann also den Verzehr von Obst und Gemüse nicht ersetzen.

Etwas anderes ist es, wenn gesunde Menschen bei einer Festlichkeit oder anderen Gelegenheiten Saft trinken. In diesem Fall wird er nicht als Nahrungs-

soll man trinken?

mittel angesehen, sondern als besonderes Genuß-
mittel.
Ebensolche Ausnahmen sind Kuren mit Säften
und der Einsatz von Saft als Arzneimittel, z.B. der
Rote-Bete-Saft für den Krebskranken.

Wieviel und was soll man trinken?
Die Meinung, der Mensch müsse täglich 2–3 l
Flüssigkeit trinken, ist so stark verbreitet, daß diese
Auffassung als allgemein gültiger Ratschlag weiter-
gegeben wird.
Der Wasserhaushalt im Organismus wird über den
Durst geregelt. Diese Tatsache gilt ohne Ausnah-
me für alle Menschen jeden Alters – auch für den
Kranken.

Der Mensch muß nicht
täglich einige Liter Flüssigkeit trinken

Trinken Sie nur, wenn Sie Durst haben!

Da dem Körper täglich mit der Nahrung etwa
1 1/2 l Flüssigkeit zugeführt werden, hat man
daraus den falschen Schluß gezogen, daß diese
Mengen zusätzlich getrunken werden müssen.
Jedes zusätzliche Trinken, das über den Durst hin-
ausgeht, ist jedoch eine Belastung für Leber, Nie-
ren, Herz und Kreislauf.
Echte Getränke sind nur Wasser und nichtarznei-
liche Tees.
Obstsäfte, Gemüsesäfte und Milch sind keine
echten Getränke, sondern Nahrungsmittel, die im
übrigen noch mehr Durst erzeugen.

73

Milch ist kein Getränk, sondern ein vollwertiges Lebensmittel

Milch ist nicht als Getränk anzusehen, sondern in Anlehnung an die Kollath-Tabelle als vollwertiges Lebensmittel, sofern es sich um unbehandelte Rohmilch handelt.
Andererseits muß einschränkend gesagt werden, daß Kuhmilch für die Aufzucht des Kalbes gedacht ist und eigentlich nicht als Nahrung für den Menschen.

Trotzdem: Wenn jemand Milch gerne trinkt, wenn sie ihm bekommt, ist gegen den Verzehr von Rohmilch nichts einzuwenden. Die Angst vor Krankheiten (Bakterien) durch den Genuß von Rohmilch ist unberechtigt, da die Stallungen der Bauern strengen hygienischen Vorschriften unterliegen, so daß von dieser Seite keine Gefahr besteht. Um zum Beispiel Tuberkelbazillen abzutöten, reicht das Pasteurisieren allein auch nicht aus.
Es besteht qualitativ ein großer Unterschied zwischen der Milch, wie sie aus dem Euter der Kuh kommt, und der bearbeiteten Milch. Pasteurisierte Milch ist nicht förderlich für die Gesundheit, dies haben Tierfütterungsversuche belegt. H-Milch dagegen gehört verboten und sollte auf keinen Fall genossen werden. Jedoch wird schon mehr als die Hälfte der Trinkmilch als H-Milch angeboten und verkauft.
Jede Erhitzung bringt für jede Nahrung ausnahmslos Wertverluste. Die H-Milch (H = Haltbar) wird

Sie sollten H-Milch auf jeden Fall vermeiden

man's mit der Milch?

in der Regel für mehrere Sekunden auf 150 Grad Celsius erhitzt. Sie erleidet nicht nur geschmackliche Einbußen, sondern einen Verlust an Vitaminen, Enzymen und anderen Vitalstoffen. Das native Eiweiß wird denaturiert. Es sind rein wirtschaftliche Gründe, die zur Schaffung der H-Milch geführt haben.

Bei bestimmten Krankheiten ist Milch zu meiden, da das artfremde Eiweiß den Eiweißstoffwechsel zusätzlich belastet. Rheumatiker, Asthmatiker, lymphatische Kinder, Hautkranke – um nur einige Beispiele zu nennen – sollten auf tierisches Eiweiß, also auch auf die Milch, verzichten.

Kranke Menschen müssen in bestimmten Fällen auf tierisches Eiweiß verzichten

Es ist ein tragisches Kapitel menschlicher Geschichte, daß der Mensch sich soweit hat beeinflussen lassen, daß er der Nahrung um so mehr traut, je unnatürlicher und künstlicher sie ist, und daß er sich das Mißtrauen zu allen Lebensmitteln, wie die Natur sie uns beschert, so fest hat einpflanzen lassen, daß er eher zugrunde geht, als diese Haltung aufzugeben. Daß er dieses Mißtrauen zur Schöpfung selbst nicht als Unrecht und widersinnig empfindet, ist ein Zeichen dafür, wie weit er sich durch ständige Fehlinformation seinen Instinkt hat nehmen lassen.

Dr. M.O. Bruker

Ist Vollwerternährung teurer?

Vollwertiges Frühstück

3 EL Getreide	0,16 DM
1/2 Banane	0,22 DM
1 EL Nüsse	0,20 DM
2 EL süße Sahne	0,09 DM
Zitronensaft	0,05 DM
1 kleiner Apfel	0,25 DM
Obst n.d. Jahreszeit	0,50 DM
1 Vollkornbrötchen	0,35 DM
20 g Butter	0,16 DM
Tee	0,10 DM
Käse-Belag	0,35 DM
Honig	0,25 DM
	2,68 DM

Übliches Frühstück

1 Scheibe Wurst	0,40 DM
2 Brötchen	0,50 DM
40 g Butter	0,32 DM
Honig oder Marmelade	0,25 DM
2 Tassen Kaffee mit	
Kondensmilch	0,65 DM
1 Scheibe Käse	0,35 DM
1 Ei	0,25 DM
	2,72 DM

Der Frischkornbrei, der ja das Kernstück einer vitalstoffreichen Vollwertkost ist, macht so satt, daß kaum
Zwischenmahlzeiten benötigt werden.
Die Kalkulation für andere Mahlzeiten ist ähnlich günstig,
weil ja das teure Fleisch und Fleischprodukte innerhalb einer
vitalstoffreichen Vollwertkost entfallen.

Nein, Vollwerternährung ist nicht teurer!

76

Rezept
teil

Das Wichtigste: Frischkost

Frisches Getreide steht bei der Vollwertkost an erster Stelle. Damit wird der Bedarf an Vitamin B_1, anderen B-Vitaminen und sonstigen Vitalstoffen gedeckt.

Einen Frischkornbrei können Sie ohne großen Zeitaufwand schmackhaft zubereiten. Die Zubereitung dauert nicht länger als Brötchen vom Bäcker holen und Kaffeekochen. Und er erhält Sie gesund!

1 — Grundrezept für Frischkornbrei

Etwa 50 Gramm Getreide, das sind drei Eßlöffel voll pro Person, werden in einer Getreidemühle, einem Mixapparat oder einer Kaffeemühle grob geschrotet. Das Mahlen muß jedesmal frisch vor der Zubereitung vorgenommen werden, damit nicht durch langes Lagern wertvolle Stoffe verlorengehen.

Das gemahlene Getreide wird mit ungekochtem, kaltem Leitungswasser zu einem Brei gerührt und 5–12 Stunden bei Zimmertemperatur stehen gelassen. Die Wassermenge wird so berechnet, daß nach der Quellung nichts weggegossen zu werden braucht. Nach 5–12 Stunden wird dieser Brei tischfertig gemacht durch Zusatz von frischem Obst (je nach Jahreszeit), Zitronensaft, 1 Teelöffel Honig (nur manchmal; regelmäßig Honig kann Karies erzeugen), 1 Eßlöffel Sahne, geriebenen Nüssen, nach Art des Bircher-Benner-Müslis.

Solange verfügbar, sollte man immer einen Apfel hineinreiben und sogleich untermischen, bevor er braun wird. Der geriebene Apfel macht den Frischkornbrei besonders luftig und wohlschmeckend.

Statt dieser Zubereitung kann der Körnerbrei auch mit Joghurt, Milch oder Sauermilch angerichtet werden. *In diesem Fall müssen die anderen Zutaten (Obst, Honig z.B.) wegblei-*

Bezugsquellen

Sie werden manches Gewürz und manche Zutat in den Rezepten lesen, die Ihnen bisher unbekannt waren.

Alle Zutaten, die hier genannt sind, erhalten Sie in gut geführten Naturkostläden und Reformhäusern.

stets als erstes essen!

ben, da die Kombination bei Darmempfindlichen Unverträglich-keit hervorrufen kann.
Es ist ohne Belang, zu welcher Tageszeit dieser Brei gegessen wird.

Frischkost immer vor der gekochten Mahlzeit essen

Wird Gekochtes zuerst gegessen, kommt es zu einer sogenannten Verdauungsleukozytose, das heißt zu einem Anstieg der weißen Blutkörperchen im strömenden Blut. Weiße Blutkörperchen treten immer dann verstärkt auf, wenn einem Entzündungsprozeß oder dem Eindringen von Fremdstoffen zu begegnen ist. Mit der Verdauungsleukozytose signalisiert der Körper also bei der Aufnahme gekochter Nahrung »Abwehrbereitschaft«.
Essen wir *vor* der gekochten Nahrung aber Unerhitztes, gibt es keinen Anstieg der weißen Blutkörperchen. Die Frischkost empfindet der Organismus also nicht als Fremdstoff, das heißt, wir können ihn damit überlisten. Die logische Folgerung wäre eigentlich, nur noch unerhitzte Nahrung zu essen!
Frischkost wird schneller verdaut als Gekochtes. Sie belastet die Verdauungsorgane nicht. Durch die noch vorhandenen Eigenenzyme bringt sie – vereinfacht ausgedrückt – das nötige »Werkzeug« für die Verdauung selbst mit. Die leichte Verdaulichkeit ist auch an der kurzen Verweildauer im Magen erkennbar.
Wenn Frischkost vorweg gegessen wird, bietet man dem Magen damit das Beste zuerst an. Sie muß gründlich gekaut und eingespeichelt werden. Für minderwertigere Speisen ist danach nicht mehr so viel Platz (und Hunger) da!

Überlisten Sie Ihren Organismus mit Frischkost!

2 Frischkornbrei aus gekeimtem Getreide (nach Dr. Evers)

3 Eßlöffel Getreide (Weizen, Roggen, Gerste oder Hafer – keine Mischung) werden über Nacht (etwa 12 Stunden) mit ungekochtem, kaltem Wasser eingeweicht. Am Morgen werden die Körner in einem Sieb mit frischem Wasser gespült. Tagsüber bleiben sie trocken stehen. Am zweiten Abend werden sie wieder mit Wasser übergossen, am nächsten Morgen wieder gespült. Dieser Vorgang wird so lange fortgesetzt (im allgemeinen 3 Tage), bis die Körner keimen und die Keimlinge ca. 1–2 mm lang sind. In der Keimzeit sollen die Körner möglichst bei Zimmertemperatur stehen (d.h. nicht zu kalt und nicht zu warm). Die gekeimten Körner können mit Zutaten versehen werden, wie in Rezept 1 angegeben. Sie sind gründlich zu kauen.

Mit ein paar Variationen!

3 Apfel-Weizen

*3 EL Weizen, 1/2 Apfel
1/2 Banane, Zitronensaft
1 EL Sonnenblumenkerne*

Den Weizen zubereiten, wie in Rezept 1 beschrieben. Die übrigen Zutaten untermengen und mit Zitronensaft abschmecken.

4 Aprikosen-Roggen

*3 EL Roggen, 3 Aprikosen
1 Nektarine, 2 EL grob
gehackte Walnüsse
Zitronensaft*

Roggen schroten und quellen lassen. Nach 5–12 Stunden mit den übrigen Zutaten vermengen und mit Zitronensaft abschmecken.

Pfirsich-Hafer 5

Bitte darauf achten, daß keimfähiger Nackthafer verwendet wird. Hafer wie in Rezept 1 beschrieben zubereiten. Mit den übrigen Zutaten vermengen.

3 EL keimfähiger Hafer
1 Pfirsich, 1/2 Apfel
Saft einer halben Orange
grob gehackte Walnüsse
1 EL geschlagene Sahne

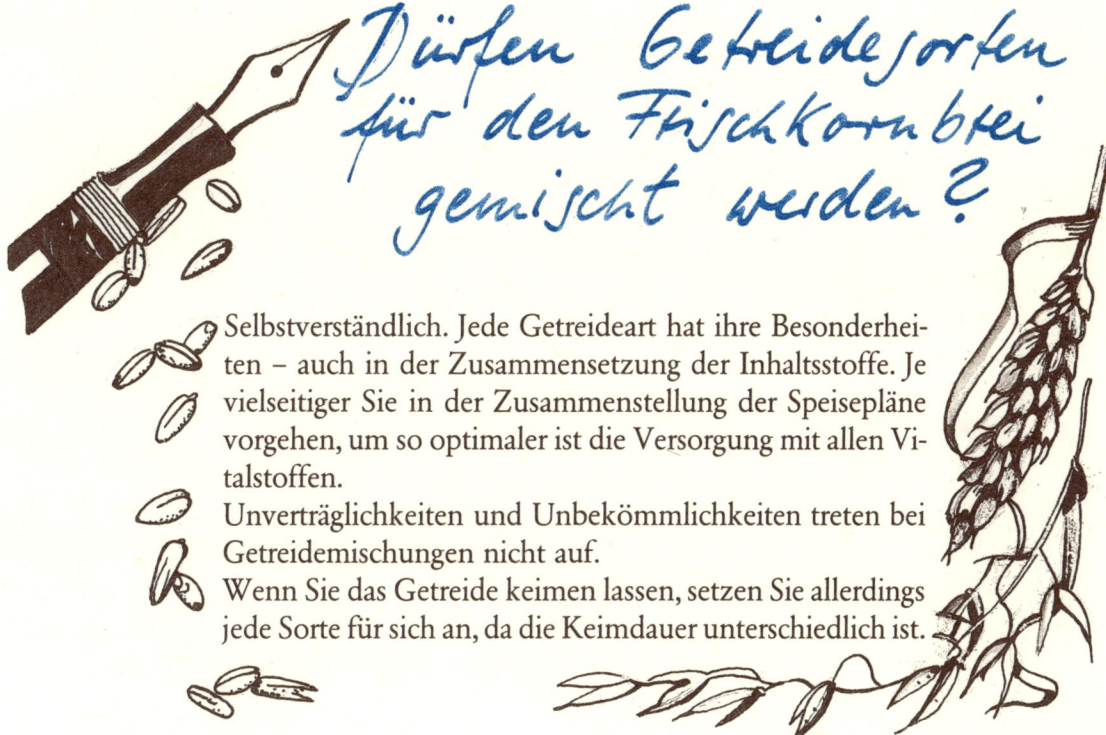

Dürfen Getreidesorten für den Frischkornbrei gemischt werden?

Selbstverständlich. Jede Getreideart hat ihre Besonderheiten – auch in der Zusammensetzung der Inhaltsstoffe. Je vielseitiger Sie in der Zusammenstellung der Speisepläne vorgehen, um so optimaler ist die Versorgung mit allen Vitalstoffen.
Unverträglichkeiten und Unbekömmlichkeiten treten bei Getreidemischungen nicht auf.
Wenn Sie das Getreide keimen lassen, setzen Sie allerdings jede Sorte für sich an, da die Keimdauer unterschiedlich ist.

Birnen-Hafer 6

Mit dem Hafer verfahren Sie wie in Rezept 5. Die Banane wird schaumig geschlagen und mit den anderen Zutaten unter den Brei gerührt.

3 EL keimfähiger Hafer
1 Birne, 1 Apfel
1/2 Banane, 1 EL Sahne
1 EL Sonnenblumenkerne

7   Heidelbeer-Gerste

*3 EL Gerste, 1 Handvoll
frische Heidelbeeren, 1 Apfel
grob gehackte Haselnüsse
1 EL Sahne
Zitronensaft*

Die Gerste sollte keimfähige Nacktgerste sein. Unter den Gerstenbrei werden die übrigen Zutaten gemengt. Mit Zitronensaft abschmecken.

*Frischkornbrei aus
Getreidemischungen*

8   Dreikorn-Kiwi

*3 EL Dreikorn (Weizen,
Roggen, Hafer), 1 Kiwi
1 kleiner Apfel, 1 Handvoll
rote Johannisbeeren
oder rote Granatapfelkerne
2 EL geschlagene Sahne
Nüsse nach Wahl*

Der Dreikorn-Brei wird mit allen Zutaten vermengt. Dann können Sie je nach Geschmack Delifrut hinzufügen. Der fertige Brei wird mit gehackten Nüssen bestreut.

9   Trauben-Bananen

*3 EL Getreidemischung
1 Handvoll Trauben
1 kleiner Apfel, 1 Banane
Zitronensaft*

Die Getreidemischung kann je nach Geschmack hergestellt werden, etwa aus Weizen, Roggen, Gerste, Hafer, Hirse und Buchweizen.

10   Feigen-Orangen

*3 EL Getreidemischung
2 Feigen, 1 Orange, 1 Apfel
2 EL Sahne, Zitronensaft*

Getreidemischung mit zerkleinerten Feigen, Orange und Apfel vermischen. Mit Sahne und Zitronensaft abschmekken. Leinsamen darüberstreuen.

Buchweizenbrei 11

Den Buchweizen am Abend ungeschrotet einweichen. Am nächsten Tag die übrigen Zutaten untermengen. Mit Vanillegewürz und Zitronensaft abschmecken.

3 EL Buchweizen
1 Handvoll Johannisbeeren
1 kleiner Apfel
2 EL Sahne
1 MS Vanillegewürz
Zitronensaft

Hirse mit Erdbeeren 12

Die Hirse am Abend ungeschrotet einweichen. Über Nacht stehen lassen, dann mit den übrigen Zutaten vermengen. Die Banane pürieren. Mit Zimt und Zitronensaft abschmecken.

3 EL Hirse
1 Handvoll Erdbeeren
1/2 Apfel, 1/2 Banane
2 EL geschlagene Sahne
1 MS Zimt, Zitronensaft

Wie wird Getreide am besten aufbewahrt?

Um das Getreide vor dem Befall durch Kornkäfer, Milben, Mehlmotten und anderen Lebewesen sicher zu schützen, sollten Sie es luftig aufbewahren.

Gut geeignet sind offene Tongefäße, Leinenbeutel, Holzkisten oder auch hohe Gläser. Wichtig ist, daß das Getreide regelmäßig bewegt wird. Kornkäfer haben es gern ruhig und warm, dann vermehren sie sich sehr schnell. Also schaffen Sie ihnen kein »gemütliches Milieu«.

Wenn Sie große Mengen Getreide in großen Säcken aufbewahren, drehen Sie die Säcke mehrmals wöchentlich um. Bei offenen Säcken ist es praktisch, einen Besenstiel oder anderen langen Stock bis auf den Grund des Getreides zu stecken und im Vorübergehen immer mal umzurühren.

Die Lagertemperatur sollte 18 Grad Wärme nicht überschreiten. Besser sind 12 bis 16 Grad. Und natürlich trocken aufbewahren!

13   *Apfel-Banane*

3 EL gekeimtes Getreide
1 Apfel, 1 Banane
1/2 Orange
einige Cashew-Kerne

Die Zutaten zerkleinern und unter das gekeimte Getreide mischen.

14   *Apfel-Himbeere*

3 EL gekeimtes Getreide
1 Apfel
1 Handvoll Himbeeren
1/2 Banane
2 EL geschlagene Sahne
1 MS Vanillegewürz
Zitronensaft

Es können für diesen Brei frische oder gefrorene Himbeeren verwendet werden. Die Banane wird schaumig geschlagen. Alles miteinander vermengen, mit Vanillegewürz und Zitronensaft abschmecken.

Diese Rezepte für Frischkornbrei können beliebig variiert werden. Sie können, je nach Saison, von der Ananas bis zur Zwetschge alle Obstsorten verwenden.

15   *Feinschmeckerli*

Obst (je nach Jahreszeit)
eine Handvoll Nüsse
Orangen- oder Zitronensaft
1 EL Honig
Nackthafer
süße Sahne

Obst der Jahreszeit wie zu einem Obstsalat zerkleinern. Nüsse hineinschneiden, mit Orangen- oder ein wenig Zitronensaft würzen. Dazu paßt auch das Einweichwasser von Trockenfrüchten oder cremig gerührter Honig.
Nackthafer in der Getreidemühle mahlen oder quetschen, je nach Geschmack untermengen. Alle Zutaten möglichst nicht verrühren, sondern eher verschütteln, damit der Obstsalat nicht zu matschig wird.
Servieren können Sie ihn mit reichlich süßer Sahne, die Sie zu besonderen Gelegenheiten auch schlagen können.
Zur Abwechslung geht es selbstverständlich auch, angekeimte Getreidekörner unterzumengen, z.B. eignen sich Weizen, Dinkel, Gerste und Hafer gut.

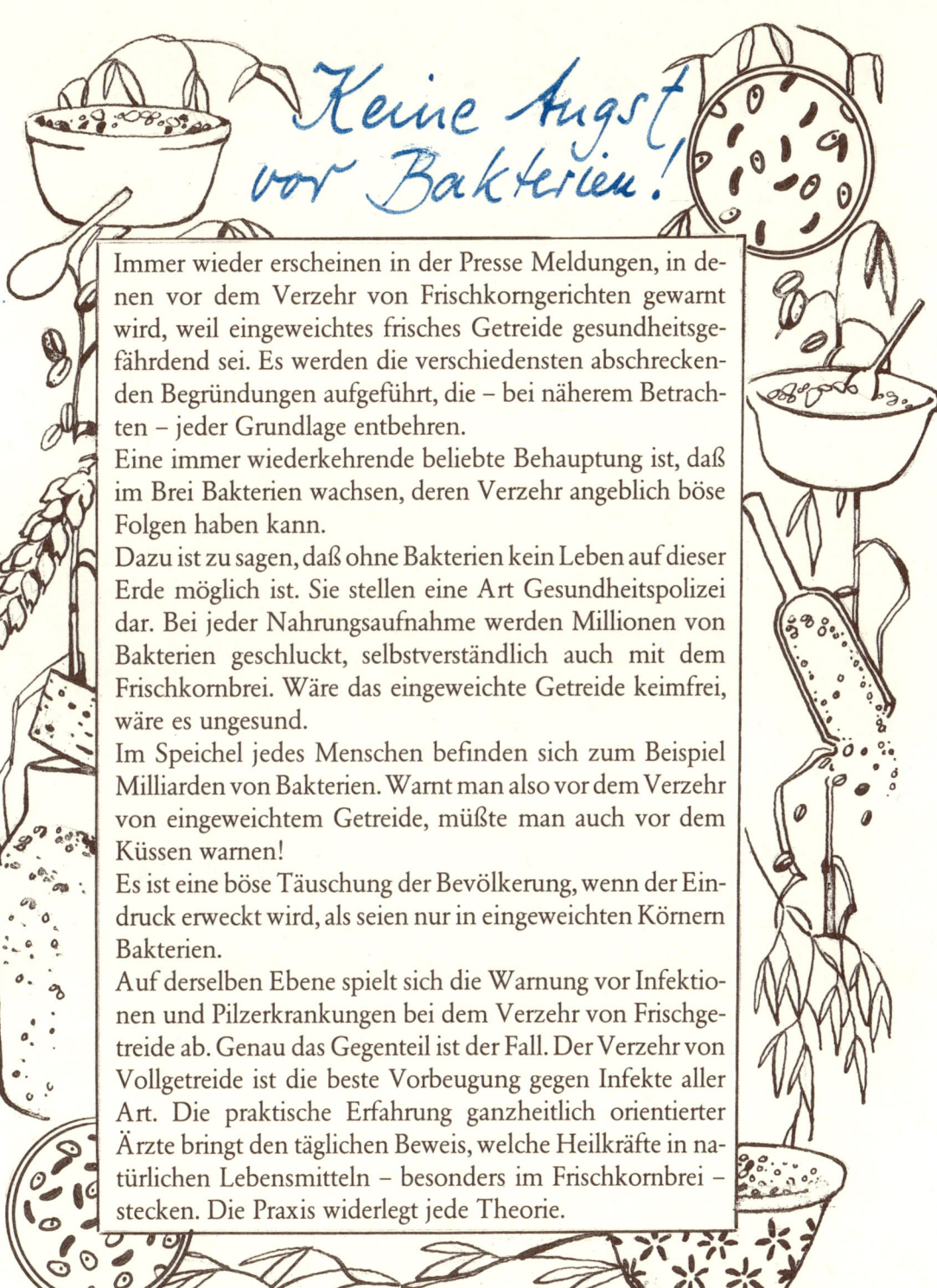

Keine Angst vor Bakterien!

Immer wieder erscheinen in der Presse Meldungen, in denen vor dem Verzehr von Frischkorngerichten gewarnt wird, weil eingeweichtes frisches Getreide gesundheitsgefährdend sei. Es werden die verschiedensten abschreckenden Begründungen aufgeführt, die – bei näherem Betrachten – jeder Grundlage entbehren.

Eine immer wiederkehrende beliebte Behauptung ist, daß im Brei Bakterien wachsen, deren Verzehr angeblich böse Folgen haben kann.

Dazu ist zu sagen, daß ohne Bakterien kein Leben auf dieser Erde möglich ist. Sie stellen eine Art Gesundheitspolizei dar. Bei jeder Nahrungsaufnahme werden Millionen von Bakterien geschluckt, selbstverständlich auch mit dem Frischkornbrei. Wäre das eingeweichte Getreide keimfrei, wäre es ungesund.

Im Speichel jedes Menschen befinden sich zum Beispiel Milliarden von Bakterien. Warnt man also vor dem Verzehr von eingeweichtem Getreide, müßte man auch vor dem Küssen warnen!

Es ist eine böse Täuschung der Bevölkerung, wenn der Eindruck erweckt wird, als seien nur in eingeweichten Körnern Bakterien.

Auf derselben Ebene spielt sich die Warnung vor Infektionen und Pilzerkrankungen bei dem Verzehr von Frischgetreide ab. Genau das Gegenteil ist der Fall. Der Verzehr von Vollgetreide ist die beste Vorbeugung gegen Infekte aller Art. Die praktische Erfahrung ganzheitlich orientierter Ärzte bringt den täglichen Beweis, welche Heilkräfte in natürlichen Lebensmitteln – besonders im Frischkornbrei – stecken. Die Praxis widerlegt jede Theorie.

85

Schafft Phytin Probleme?

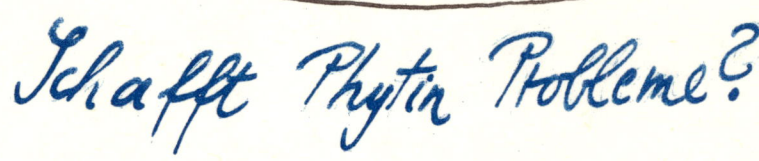

Vor dem Verzehr von Frischkornbrei wurde in letzter Zeit auch wegen des darin vorkommenden Phytins gewarnt.

Phytin ist eine ringförmige Phosphorverbindung und kommt in fast allen Getreidearten vor, aber auch in Hülsenfrüchten, Ölsaaten usw.

Über seine Funktion ist im einzelnen noch nicht sehr viel bekannt. Von der biologischen Betrachtungsweise her darf man wohl annehmen, daß dieser Stoff nicht ohne Bedeutung in diesen Lebensmitteln ist.

Untersuchungen im Labor haben gezeigt, daß Phytin Calcium an sich binden *kann*. Diese Beobachtung hat zu der falschen Schlußfolgerung geführt, daß man vor dem Verzehr von Frischkorngerichten warnen müsse. Das im Getreide enthaltene Calcium ist jedoch nicht an Phytin gebunden.

Es ist außerdem ein Unterschied, ob Vorgänge im Labor durchgeführt werden oder im lebendigen Organismus stattfinden.

Die praktische Erfahrung zeigt, daß die Einweichzeiten ohne Belang sind und durch Phytin keine Calciumverarmung stattfindet.

Wie lange soll Getreide eingeweicht werden?

Die Einweichzeiten sind zweitrangig. Es kommt ihnen wirklich keine besondere Bedeutung zu. In seinen Büchern hat Dr. Bruker in Anlehnung an Prof. Kollath etwa 5–12 Stunden Einweichzeit empfohlen. Dabei wird auch der schlechte Gebißzustand vieler Menschen berücksichtigt, die hartes Getreide nicht richtig kauen können. Wenn es jemandem Spaß macht und er Zeit zum gründlichen Kauen hat, kann er das Getreide auch sofort nach dem Mahlen verzehren.

Auch die enzymatischen Vorgänge und die Phytinfrage werden oft überbewertet.

Die Qual der Wahl mit Getreidemühlen!

Wer die Wahl hat, hat die Qual.

Wenn Sie aus Überzeugung auf Vollwertkost umsteigen wollen, kommen Sie eines Tages um die Anschaffung einer Getreidemühle nicht herum. Wir möchten hier keine Empfehlung für eine bestimmte Firma aussprechen. Es gibt viele, die sich ständig um Neuentwicklungen bemühen. Eine Mühle, die *alle Wünsche* berücksichtigt und erfüllt, liegt bis heute noch nicht vor.

Wesentlich ist, daß Sie das Getreide frisch gemahlen verzehren. Unwesentlich ist, ob Sie sich eine Mühle mit einem Stahlwerk oder mit Mahlsteinen anschaffen.

Die Begründung, daß das Mahlgut bei den Steinmühlen nicht so stark erhitzt wird, ist nicht stichhaltig. Wenn Sie das Getreide verbacken, erhitzen Sie es ohnehin und müssen einen Wertverlust in Kauf nehmen. Deshalb ist ja die Ergänzung durch den täglichen Frischkornbrei so wichtig.

Beim Schroten des Getreides für den Frischkornbrei mahlen Sie das Getreide ja in der Regel nicht mehlfein. Es entsteht dadurch keine große Reibungswärme, also auch keine besondere Wertminderung. Auch wenn Sie das Korn mehlfein mahlen und es dabei leicht erwärmt wird, sind die Verluste gering und für die Erhaltung der Gesundheit nicht von großer Bedeutung.

Achten Sie beim Kauf einer Mühle darauf, ob Sie für Ihren Haushalt groß genug ist, ob Sie größere Mengen Mehl in kurzer Zeit damit mahlen können, ob also der Motor leistungsfähig ist. Ein staubfreies Mahlen ist ebenfalls wichtig. Ansonsten lassen Sie Ihren Geldbeutel ein Wort mitsprechen. Die teuersten Mühlen müssen nicht die besten sein!

Frischkost voraus!

Kombinieren Sie täglich mehrere Gemüsearten

Unter Frischkost verstehen wir Salate aus rohem Gemüse und rohem Obst sowie Frischkorngerichte. Frischkost sollte stets *vor* den gekochten Speisen gegessen werden. Sind Salate abwechslungsreich zubereitet, wird jeder gern probieren und sich für die »neue Küche« begeistern.

Frischkost ist nicht nur etwas für Kranke, sondern für alle, die fit und leistungsfähig bleiben möchten. Dies gilt auch für alle anderen Rezeptvorschläge. Bringen Sie verschiedene Gemüsesorten als Salat auf den Tisch, täglich möglichst zwei über und zwei unter der Erde gewachsene Gemüsearten.

Wenn diese Kombination nicht immer so genau eingehalten werden kann, ist das nicht tragisch. Sie sollten sich jedoch bemühen, mehr als zwei Sorten anzubieten, damit es nicht einseitig und langweilig wird. Es geht ja schließlich um Ihre Gesundheit.

Denken Sie daran? Täglich mindestens ein Drittel der Gesamtnahrung als Frischkost essen! Je größer der Frischkostanteil, um so besser!

Wenn die Zeit für die Zubereitung nicht reicht, stellen Sie doch eine bunte Platte auf den Tisch, belegt mit Tomaten, Radieschen, großen Möhrenstücken, dicken Gurkenscheiben, einem Rettich, von dem sich jeder selbst ein Stück abschneidet ... Kindern schmeckt das ganze Gemüse oft besser als ein Salat, bei dem sie nicht mehr genau erkennen können, was drin ist.

Jede Gemüsesorte kann einzeln mit einer Soße angerichtet werden. Oder alle Gemüse werden geputzt und zerkleinert und nach dem Anrichten mit einer der folgenden Soßen übergossen.

Soßenreste können etwa drei Tage im Kühlschrank aufbewahrt werden. Werden sie zu dickflüssig, kann man sie mit Wasser, Gemüsebrühe oder Sahne verlängern.

Die Soßen sollten nach Möglichkeit zuerst zubereitet werden. Die Fettmenge ist nicht begrenzt, sie kann je nach Geschmack hinzugefügt werden. Siehe dazu auch »Fett macht nicht fett« (S. 60).

Alle Rezepte sind für 4 Personen berechnet!

Currysoße 16

Die *hart* gekochten Eier abschrecken, pellen und sehr fein hacken. Gurken in kleine Würfel schneiden. Mit allen Zutaten zu einer cremigen Soße verrühren und herzhaft abschmecken.

3 Eier
3 milchsaure Gurken
2 Joghurt, 3 EL Öl
2 TL Curry, Kräutersalz
Vollmeersalz, Pfeffer
1 Prise Cayennepfeffer
1 EL Zitronensaft

Grüne Soße aus Hessen 17

Es gehören mindestens 7 verschiedene Kräuter in die Soße: Petersilie, Schnittlauch, Dill, Kresse, Pimpinelle, Borretsch, Estragon, Zitronenmelisse, etwas Salbei, auch Kerbel, Liebstöckel, zarte Wildkräuter.

Saure Sahne mit dem Öl verrühren, die Gewürze einrühren, ebenso die Kräuter. Alle anderen Teile sehr fein geschnitten zugeben – ziehen lassen.

1 Becher saure Sahne
3 EL Öl
1 milchsaure oder Gewürzgurke
2 halbhart gekochte Eier
1 kl. Zwiebel
abgeriebene Schale und Saft
1/2 Zitrone, 1 TL Senf
1/2 TL Vitam R
Salz, Pfeffer, Paprikapulver
3 EL von der frischen Kräutermischung, sehr fein gehackt

18   *Zwiebelsoße*

3 EL Olivenöl
2 EL Obstessig
1 kleine Zwiebel
(fein schneiden
oder durch Presse geben)
1 TL Honig
1 TL Senf
1 gestr. TL Paprika – edelsüß
1/2 TL Kräutersalz
1/4 TL gem. Pfeffer

Öl, Essig und Zwiebel vermischen. Honig und Senf zugeben. Mit Paprika, Kräutersalz und Pfeffer abschmecken.

19   *Einfache Zitronensoße*

4 EL Öl
Saft von 1 Zitrone
3 EL Wasser
1 TL Honig

Öl, Zitronensaft und Wasser mischen. Honig darin auflösen.

20   *Einfache Essigsoße*

4 EL Öl
2 EL Obstessig
2 EL Wasser
1 MS Kräutersalz oder Voll-
meersalz
evtl. 1/2 TL Senf
evtl. 1/2 TL Hefepaste oder
1 TL Hefeflocken, je nach
Geschmack frische Kräuter

Essig, Öl und Wasser vermischen. Mit Salz abschmecken. Je nach Geschmack Senf, Hefepaste oder frische Kräuter hinzufügen.

Senf-Dip   *21*

Sahne steif schlagen. Mit dem Senf vermengen und mit Kräutersalz und Pfeffer abschmecken.

1/4 l süße Sahne
3 EL mittelscharfer Senf
1 MS Kräutersalz
1 MS frisch gemahlener Pfeffer

Bunte Quarksoße   *22*

Die Milchprodukte glatt verrühren, kräftig würzen und abschmecken. Die Gemüsezutaten so fein wie möglich zerschneiden, damit man sie gut unter die Soße rühren kann. Alle Gemüsebeigaben können, müssen aber nicht verwendet werden.
An Kräutern kann man hinzufügen (je nach Geschmack): Dill, Schnittlauch, Borretsch, Estragon, Basilikum, Petersilie u.a.
Diese Soße eignet sich als Beigabe zu Kartoffelgerichten, Getreidegerichten oder Bratlingen.

250 g Quark (40%ig)
2 EL saure Sahne
Kräutersalz, Kümmelpulver,
Paprikapulver
1 Prise Delikata
1 Prise Salbei
1 Zwiebel
2–3 Radieschen
1/4 Gurke
1–2 Tomaten
1/4 Paprikaschote
milchsaures Gemüse

Paprikasoße   *23*

Die Sahne dickflüssig, nicht steif schlagen. Öl und Zitronensaft hinzufügen. Mit Kräutersalz und Paprika abschmecken.

1 Becher süße Sahne, 1 EL Öl
Saft von 1/2 Zitrone
1 MS Kräutersalz
1 TL Paprika edelsüß

24 Kräutersoße

2 Becher saure Sahne
1 EL Leinöl
1 EL Sonnenblumenöl
1 EL Obstessig
3 EL pflanzliche Brühe
1 MS Kräutersalz
Senf
Hefeflocken oder Hefepaste
1/2 TL Honig
gehackte Kräuter:
Kerbel, Kresse, Estragon,
Sauerampfer u.a.

Die saure Sahne mit Öl, Essig und Brühe vermischen. Mit Kräutersalz und Senf würzen. Je nach Geschmack etwas Hefeflocken (oder Hefepaste) sowie Honig hinzufügen. Zuletzt die sehr fein gehackten Kräuter unterrühren, mit denen man nicht sparen sollte.

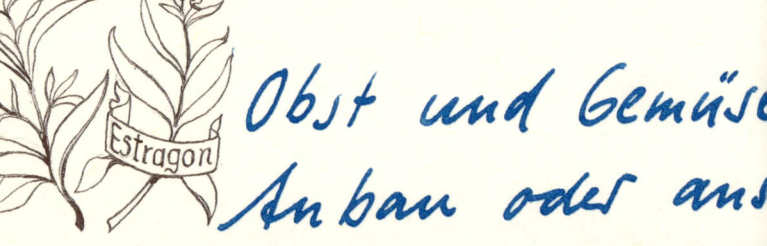

Objektive Untersuchungsergebnisse haben gezeigt, daß die Produkte aus naturgemäßem Anbau wesentlich geringere toxische Belastungen aufzeigen als übliche Erzeugnisse. Durch die allgemeine Umweltbelastung gibt es jedoch kaum noch völlig rückstandsfreie Ernteprodukte.

Es ist aber von Bedeutung, ob die Lebensmittel den zusätzlichen Spritzmitteln des üblichen Landbaus ausgesetzt sind oder nicht. Die »chemische Keule«, ohne die es in konventionellen Betrieben nicht mehr geht, vernichtet nicht nur das gesunde Bodenleben, sondern wirkt sich – als logische Konsequenz – nachteilig auf unsere Gesundheit aus. Die Nahrung kann nur so gesund sein wie die Umwelt, aus der sie kommt!

Fragwürdige Studien mit fragwürdigen Ergebnissen, z.B. die gern zitierte LUFA-Studie der Landwirtschaftlichen Untersuchungs- und Forschungsanstalten, werden von offizieller Seite immer wieder hochstilisiert zum Beweis dafür, daß Biokost aus naturgemäßem Landbau nichts anderes ist als Geldschneiderei und reine Glaubenssache. Auch hinter dieser Meinung stehen wieder einschlägige Interessengruppen. Zum Beispiel greift die chemische Industrie, die an den

Grüne Soße

25

Öl und Essig mit der zerdrückten Knoblauchzehe vermischen. Mit den Gewürzen abschmecken, die fein gehackten Kräuter hinzufügen.

6 EL Öl
4 EL Obstessig
1 Knoblauchzehe
1 Prise Vollmeersalz und Pfeffer
evtl. 1 Prise Cayennepfeffer
1 Bund Petersilie
1 Bund Schnittlauch
1 Bund Dill
1 Kästchen Kresse

aus konventionellem naturgemäßem?

üblichen Anbaumethoden verdient, die LUFA-Studie gern auf und verbreitet sie.

Was wir brauchen, ist jedoch wieder eine vielseitige Landwirtschaft. Wir brauchen den Bauern, der das ihm anvertraute Land wirklich bebauen kann.

Landwirte, die bereit sind, auf herkömmliche Methoden zu verzichten, sollten durch den Verbraucher aktiv unterstützt und gefördert werden.

»Adoptieren« Sie einen Landwirt, der seine Anbaumethoden umstellen will! Schließen Sie sich mit anderen Interessenten zum gezielten Einkauf zusammen! Werden Sie aktiv!

Wenn Sie keinerlei Möglichkeit haben, Obst und Gemüse aus naturgemäßem Anbau zu beziehen, essen Sie trotzdem die Frischkost so vielseitig wie möglich, oder besser gesagt: dann erst recht. Schälen Sie die Produkte nicht, denn mit den Schalen entfernen Sie wichtige Vitalstoffe. Die Leber ist das größte Entgiftungsorgan. Sie wird mit toxischen Belastungen besser fertig, wenn alle Vitalstoffe mit der Nahrung zugeführt werden. Wenn sie jedoch fehlen, kann sie nicht richtig funktionieren.

26   Dill-Joghurt-Soße

2 Becher Joghurt
1 Eigelb, hart gekocht
1 EL Zitronensaft
2 Bund Dill
1–2 TL Senf
1/2 TL Kräutersalz
1 TL Honig
1 Prise Cayennepfeffer

Das Eigelb und den Dill zerkleinern. Mit den übrigen Zutaten vermengen.

Tip. Anstelle von Honig können Sie die Salatsoßen auch mit pürierten Trockenfrüchten süßen, mit geschlagener Banane oder einem geriebenen süßen Apfel!

27   Dillsoße

1 Becher Sahne
Zitronensaft
1 Bund Dill
1 EL Senf
1 Prise Cayennepfeffer
1 MS Paprika

Die Sahne dickflüssig schlagen. Den fein geschnittenen Dill unterrühren. Mit den übrigen Zutaten abschmecken.

Tip. Bewahren Sie die gewaschenen, zerkleinerten Gemüsesorten in einem geschlossenen Gefäß auf und geben Sie die Soße erst kurz vor dem Verzehr dazu.

Muß die Frischkost unmittelbar nach dem Zubereiten verzehrt werden?

Der sofortige Verzehr wird oft so stark betont, daß der Eindruck entsteht, Frischkost verliert schnell an Wert, wenn sie länger steht. Ein Welkwerden beruht jedoch lediglich auf einem Flüssigkeitsverlust. Die Vitamine gehen nur sehr langsam verloren.

Wenn Sie berufstätig sind oder aus anderen Gründen die Frischkost längere Zeit vor dem Verzehr zubereiten müssen, können Sie dies ohne Bedenken tun. Sie enthält auch noch nach vielen Stunden ausreichend Vitamine. Die Mineralstoffe verändern sich überhaupt nicht.

Melonencocktail 28

Aus der Melone die eßbaren Teile herausschneiden und würfeln. Dazu klein gewürfelten Apfel, Birnen, Ananas, Orangen u.a. mischen. Kirschen entsteinen, Weintrauben entkernen. Es ist vorteilhaft, bei der Zubereitung sowenig wie möglich umzurühren.

In der süßen Sahne einen EL saure Sahne verrühren, mit Zitronensaft, Pfeffer und Ingwer würzen. Diese Soße gießt man über den Cocktail.

Sieht in Portionsschalen (z.B. Sektschalen) angerichtet sehr appetitlich aus.

1 Wasser- oder Honigmelone
Obst – je nach Jahreszeit
100–150 g süße Sahne
1 EL saure Sahne
Zitronensaft
1 Prise weißer Pfeffer,
Ingwerpulver oder geriebener
Ingwer

29   *Platte »Orange«*

3–4 Möhren
2 Orangen
2 große Äpfel
2 EL Öl
1 Kästchen Kresse
Zitronensaft

Soße:
Saft einer Zitrone
3–4 EL Öl
1 Prise Ingwer
1 TL Honig
etwas Wasser

Möhren fein raffeln. Eine Orange und einen Apfel würfeln. Alles mit Öl mischen.
Den zweiten Apfel und die zweite Orange ebenfalls würfeln. Mit fein gehackter Kresse und Zitronensaft mischen. Beide Mischungen werden getrennt auf einer Salatplatte angerichtet. Dazu reicht man die Öl-Zitronensoße. Die Platte kann mit gehackten Mandeln oder Nüssen bestreut werden.

30   *Salat à la Provence*

Gemüse – je nach Saison
3–4 EL Öl, 3 EL Obstessig
1 EL Senf, 1 TL Honig
1 MS Paprikapulver
evtl. Hefepaste
Kräuter der Provence

Zunächst die Soße anrühren, dann die Gemüsesorten sofort hineinschneiden. Es bieten sich – je nach Saison – Möhren, Zwiebeln, grüner Salat, Radieschen, Tomaten, Gurken, Mais, Paprika u.a. an.

Sauerkrautsalat 31

Soßenzutaten verrühren. Sauerkraut fein schneiden, Gurke und Paprika würfeln, Mohrrübe und Apfel grob raffeln. Alles mit der Soße vermischen.

250 g Sauerkraut (vom Faß)
1/2 Salatgurke
1 rote und 1 grüne Paprika-
schote
1 kleine Möhre
1 Apfel

Soße:
ausgepreßter Sauerkrautsaft
3 EL Öl
1 EL Leinöl
1/2 TL Hefepaste
1/2 TL Honig
1/2 Knoblauchzehe,
frisch gepreßt
Petersilie und Schnittlauch

Braucht man besondere Küchengeräte zur Zubereitung?

Eine Getreidemühle sollten Sie sich gönnen. Sie ist das Kernstück eines »vollwertigen Haushalts«, um das sich bei einer konsequent durchgeführten Vollwertkost alles dreht. Es spielt keine Rolle, ob Sie eine Mühle mit Stahlwerk oder mit Mahlsteinen wählen. Wichtig ist, daß Sie das Getreide frisch mahlen und zubereiten.

Sinnvoll ist auch die Anschaffung einer Gemüseraffel. Für die meisten Getreidemühlen gibt es sie bereits als preiswerten Vorsatz, mit dem Sie auch Nüsse mahlen können.

Ansonsten versuchen Sie, sich Ihre Unabhängigkeit im Haushalt zu bewahren. Gegenstände, die einmal angeschafft sind, wird man so schnell nicht wieder los. Manch angepriesene »Küchenerleichterung« stellt sich später als teure Fehlplanung heraus, wenn sie nur herumsteht und uns vorwurfsvoll zum Benutzen auffordert.

32   *Trauben-Sauerkraut-Salat*

300 g Sauerkraut (vom Faß)
200 g blaue Trauben
1 große Zwiebel
1 Apfel
3–4 EL Öl

Sauerkraut zupfen, Trauben halbieren und entkernen. Zwiebel und Apfel würfeln. Alle Zutaten mit Öl mischen und evtl. mit frisch gemahlenem schwarzem Pfeffer und Kümmelpulver bestreuen.

33   *Möhren-Ananas-Salat*

250 g Möhren
1 Apfel
2 Scheiben frische Ananas
1 kleiner Kopfsalat
1 Handvoll grob gehackte
Haselnüsse
Saft einer Zitrone
3 EL Öl

Möhren mit Wurzelbürste reinigen, grobe Teile entfernen. Nicht schälen. Fein raffeln. Sofort mit Zitronensaft und Öl mischen, damit die geriebenen Möhren nicht braun werden. Apfel mit Kerngehäuse und Schale grob raffeln, ebenfalls sofort unterheben. Ananas schälen, würfeln, vorsichtig mit anderen Zutaten mischen. Alles auf Salatblättern anrichten, mit Nüssen bestreuen.

34   *Möhren-Zucchini-Salat*

2 große Möhren
1 Zucchini

Soße:
4 EL Öl
Saft von 1 Zitrone
1 TL Honig
1 MS Pfeffer
Dill, Petersilie

Möhren und Zucchini waschen, grob raffeln, in die fertige Soße geben. Für die Soße Petersilie und Dill fein hacken.

Steckrübensalat 35

Steckrüben schälen und fein raffeln. Ananas, Orange, Apfel und Banane würfeln. Alles in die vorbereitete Soße geben. Sollten die Steckrüben zu streng schmecken, mit süßer Sahne abrunden.

300 g Steckrüben
1 Scheibe frische Ananas
1 Orange
1 Apfel
1 Banane

Soße:
3 EL Öl
Saft von 1 Zitrone
1 TL Honig
1 Prise Cayennepfeffer

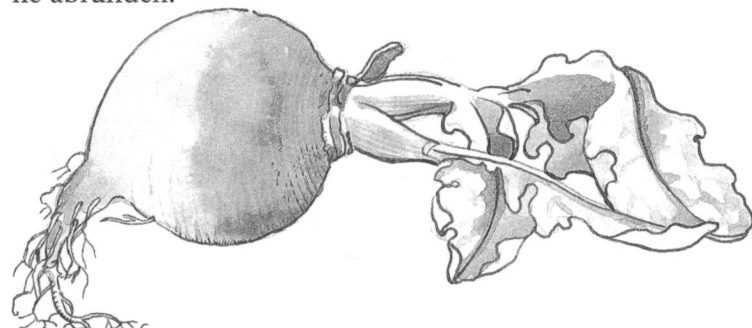

Paprika-Orangen-Salat 36

Paprikaschoten in Streifen schneiden, Zwiebel in feine Ringe, Orangen würfeln. Alles mit den Soßenzutaten mischen. Mit frisch gemahlenem schwarzem Pfeffer bestreuen.

3 gelbe Paprikaschoten
1 rote Paprikaschote
1 große Zwiebel
3 Orangen

Soße:
4–5 EL Olivenöl
Saft von 1 Zitrone
1 TL Honig

Radicchio rosso mit Obst 37

Radicchio in Streifen schneiden und sofort in die Soße geben. Birne würfeln, Banane in Scheiben schneiden und dazugeben. Weiteres Obst nach Belieben. Alles mischen und 10 Minuten ziehen lassen.

2–3 Radicchio rosso
1 saftige Birne, 1 Banane
1 Orange, Trauben und Äpfel

Soße:
Saft von 1 Zitrone
3 EL Öl
Zitronenmelisse, Rosmarin
Salbei

38 *Zucchini mit Radicchio*

1 kleine bis mittlere Zucchini
2 kleine Radicchio
2–3 Frühlingszwiebeln

Soße:
4 EL Olivenöl
2 EL Obstessig
schwarzer Pfeffer
Petersilie, Kerbel, Estragon

Soßenzutaten verrühren, mit etwas Wasser oder Sahne verlängern. Zucchini in feine Streifen schneiden oder hobeln. Radicchio in Streifen schneiden, Frühlingszwiebeln mit Grün fein schneiden. Alles mit Soße mischen. Eventuell mit etwas Honig süßen.

39 *Feldsalat*

250 g Feldsalat

Soße:
5 EL Öl
2 EL Obstessig
1 TL geriebener Meerrettich
1/2 TL Honig

Feldsalat waschen, putzen und in die vorbereitete Soße geben.

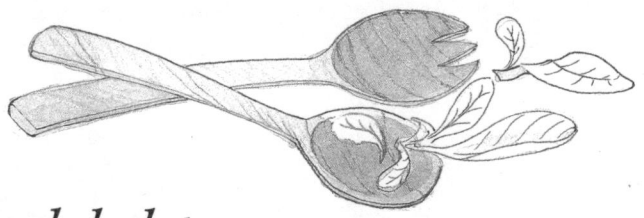

40 *Fenchelsalat*

2 Fenchelknollen
1 Apfel, 1 Apfelsine
100 g frische Datteln
Zitronensaft

Soße:
1 Becher saure Sahne
1 TL Senf, 1/2 TL Honig
1 MS Kräutersalz
schwarzer Pfeffer
gehacktes Fenchelgrün

Fenchel putzen, in schmale Streifen schneiden. Apfel und Apfelsine in dünne Scheiben schneiden. Datteln entkernen und zerkleinern. Alles mit Zitronensaft beträufeln und vorsichtig vermengen. Soßenzutaten verrühren und über den Salat gießen.

Selleriesalat 41

Sellerie waschen, grobe Teile abschneiden, fein raffeln, sofort mit Zitronensaft beträufeln. Ananas und Apfel würfeln, mit Sellerie vermengen. Sahne steif schlagen und mit den Nüssen unter den Salat ziehen.

1 große Sellerieknolle
1 großer Apfel
1/2 frische Ananas
4 EL grob gehackte Walnüsse
Saft von 1/2 Zitrone
1/8 l Sahne

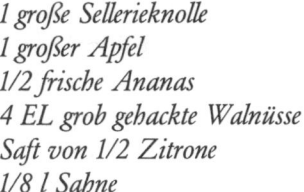

Sommersalat 42

Sellerie waschen, putzen, in feine Streifen schneiden. Paprika und Äpfel würfeln, Gurke hobeln. Sofort mit vorbereiteter Soße mischen, mit fein gehacktem Dill bestreuen.

Variation: Staudensellerie schmeckt auch sehr gut mit Weintrauben, Äpfeln und Nüssen. Darunter leicht gesüßte, geschlagene Sahne ziehen, mit Zitronensaft und 1 MS Kräutersalz abschmecken.

1 Staudensellerie
1 rote und 1 grüne Paprikaschote
2 Äpfel
1 Salatgurke

Soße:
4 EL Obstessig
4 EL Öl
2 EL Wasser
1 TL Honig
1 Bund Dill

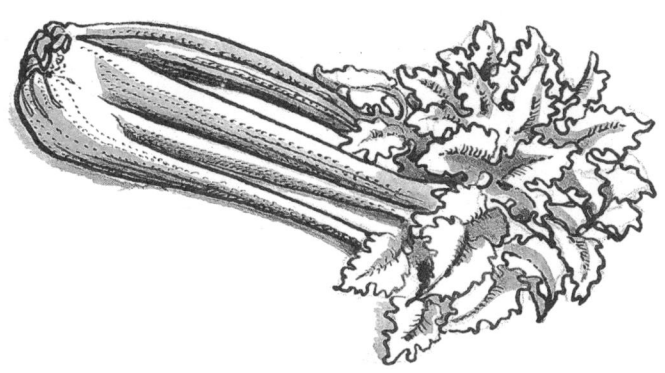

43 *Spinatsalat*

250 g Spinat
2 Tomaten oder 4–6 Radieschen

Soße:
1 Becher Joghurt
1 Becher saure Sahne
1 EL Zitronensaft
2–3 EL Öl
1 kleine Zwiebel
1/2 TL Honig
1/4 TL Kräutersalz

Für die Soße Zwiebel fein schneiden. Alle Soßenzutaten verrühren. Spinat waschen, putzen, grob zerpflücken und sofort unter die fertige Soße heben. Mit Tomatenvierteln oder Radieschen garnieren.

Windiges
Ach, welcher unverdienten Schmähung
ist ausgesetzt die arme Blähung!
Da sie, zwar schuldlos, sich nicht schickt,
lebt sie in tragischem Konflikt.
Und zweifelnd zwischen Tun und Lassen
hat sie sich heimlich anzupassen

in einem Kampf, der voller Pein
dem, der gern kinderstubenrein.
Wie glücklich doch der Grobe prahlt:
»Heraus, was keinen Zins bezahlt!«
Der Feine hat sich abzufinden,
er muß die Winde über-winden!
Eugen Roth

44 *Spinat-Orangen-Salat*

300 g Spinat, 2 Orangen
1 große Zwiebel

Soße:
4 EL Olivenöl, 2–3 EL
Obstessig, 1 MS Kräutersalz
1 Prise schwarzer Pfeffer
etwas Salbei und Thymian

Soßenzutaten verrühren, evtl. mit etwas Wasser verlängern. Spinat in breite Streifen schneiden, Orangen würfeln, Zwiebel in feine Ringe schneiden. Alle Zutaten vorsichtig mit der Soße mischen.

45 *Weißkohlsalat*

500 g Weißkohl
2 säuerliche Äpfel
1/2 TL Kräutersalz

Soße:
4 EL Öl, 1–2 EL Obstessig
1 Zwiebel, 1/2 TL Kümmel
1 TL Senf, 1/2 TL Honig
1 MS Pfeffer
frische Kräuter

Für die Soße Zwiebel und frische Kräuter fein schneiden. Es kann gemahlener oder ganzer Kümmel verwendet werden. Den Kohl waschen, halbieren, den Strunk entfernen, fein hobeln. Mit Kräutersalz mischen. Äpfel würfeln. Alles mit der angerührten Soße vermischen.

Weißkohl mit Kräutern 46

Kohl fein hobeln, Kräutersalz dazugeben und alles fest durchkneten. Eine Stunde ziehen lassen. Dann mit der Soße mischen, für die die Zwiebel und die Kräuter möglichst fein geschnitten werden.

500 g Weißkohl
1/2 TL Kräutersalz

Soße:
Saft von einer Zitrone
3–4 EL Öl
1 Zwiebel
Fenchelgrün
1 Blatt Salbei
Kerbel
Estragon

Bunter Salat 47

Gemüsesorten putzen, zerkleinern, dekorativ auf einer Platte anrichten. Frische Champignons verwenden. Für die Soße Zwiebel und frische Kräuter fein schneiden. Statt Olivenöl kann man auch neutral schmeckendes Öl nehmen. Der Pfeffer sollte frisch gemahlen sein. Die Soße über den Salat gießen.

Blumenkohl
Radieschen
Kohlrabi
Paprika
Champignons

Soße:
5 EL Olivenöl
1 Zwiebel
5 EL Obstessig
1/2 TL Vollmeersalz
1 MS Pfeffer
frische Kräuter

Keine Angst vor Blähungen!

Wer von der üblichen Ernährung auf Vollwertkost umstellt, klagt oftmals über Blähungen. Je nach Empfindlichkeit hält dieser Zustand einige Tage oder Wochen an. Es bringt Erleichterung, alle Fabrikzuckerarten, Säfte und gekochtes Obst konsequent zu meiden. Ansonsten: Solange die Luft aus dem Bauch heraus will – therapeutische Spaziergänge an der frischen Luft machen!

48 Sojasprossen-Salat

1 Bund Radieschen
1 Handvoll Sojasprossen
1 Kopfsalat
1 Bund Frühlingszwiebeln
Kresse zum Garnieren

Soße:
3 EL Öl
2 EL Obstessig
1 TL Honig
1 Spritzer Sojasoße
schwarzer Pfeffer
Kräutersalz

Soße vorbereiten. Mit Pfeffer und Kräutersalz abschmekken. Gemüsesorten putzen. Kopfsalat zerpflücken, Radieschen von Blättern befreien, ein kleines Stückchen vom Stiel stehen lassen, weil es dekorativ aussieht. Blätter und Stiel können übrigens gegessen werden. Alles mit der Soße mischen. Nach Geschmack mit Kresse garnieren.

Nitrat - Nitrit Warnung vor Spinat?

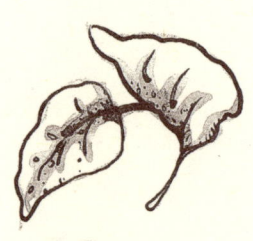
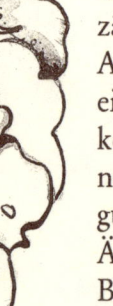
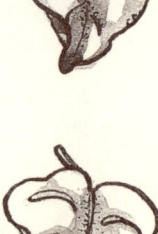
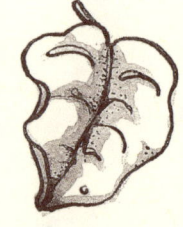

Vor dem Verzehr bestimmter Gemüsesorten, besonders Spinat und aufgewärmtem Spinat, wird immer wieder gewarnt. Die Gesundheitsgefährdung bei dem stickstoffgedüngten Spinat ist besonders offensichtlich und bekannt. Die Gefahr liegt darin, daß Nitrat in Nitrit verwandelt wird und sich im menschlichen Organismus Nitrosamine bilden, die nachweislich zu den krebserzeugenden Substanzen zählen.

Angebracht ist also nicht eine Warnung vor Spinat, sondern eine Vermeidung des falsch gedüngten Spinats. Die Bevölkerung müßte folgerichtig die Erzeugnisse aus konventionellem landwirtschaftlichem Anbau, in dem mit Nitratdüngung gearbeitet wird, boykottieren.

Ähnliches gilt für die Warnung vor roter Bete und Rote-Bete-Saft.

Für die Krebsabwehr ist Rote-Bete-Saft besonders wichtig durch den Gehalt an Anthocyanen.

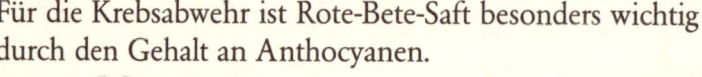

Champignonsalat 49

Petersilie fein schneiden und mit den anderen Soßenzutaten verrühren. Champignons putzen, in dünne Scheiben schneiden. Sofort in die Soße geben. Zum Schluß die steif geschlagene Sahne unterziehen.

Hinweis: Pfeffer sollte stets frisch gemahlen sein.

500 g frische Champignons

Soße:
4 EL Öl
Saft von 1 Zitrone
1 Bund Petersilie
1 MS Kräutersalz
1 MS Pfeffer
1 MS Paprika, edelsüß
3–4 EL Sahne

Rettichsalat 50

Rettich unter fließendem Wasser sauber bürsten, nicht schälen. Grob raffeln oder in feine Scheiben schneiden. Sofort in die Soße geben. Zur Verzierung rote Paprikaschote würfeln, Petersilie fein schneiden und Salat damit garnieren.

2 dicke Rettiche (schwarz oder weiß)
1/2 rote Paprika, etwas Petersilie

Soße:
4 EL Öl, 1 EL Obstessig
1 MS frisch gem. Pfeffer
1/4 TL Kräutersalz
evtl. 1 EL Zitronensaft

Radieschensalat 51

Soße aus Essig und Öl vorbereiten. Kräuter fein schneiden. Radieschen ebenfalls in feine Scheiben schneiden. In die Soße geben und die Kräuter darüberstreuen.

4–5 Bund Radieschen

Soße:
3 EL Öl, 1–2 EL Obstessig
1 Bund Kräuter (z.B. Kerbel, Estragon, Kresse, Petersilie)

52 Avocadosalat

2 Avocados
1 Kopfsalat
3 Orangen

Soße:
3 EL Öl
2 EL Obstessig
1 TL Honig
1 TL Senf
1 MS Paprika, edelsüß
1 MS Pfeffer
1/2 Zwiebel

Avocados und Orangen schälen, in kleine Würfel schneiden. Salat putzen, grob zerpflücken oder schneiden. Soße herstellen, dazu die Zwiebel fein schneiden und Salat damit übergießen.

53 Chicoréesalat

4 Stauden Chicorée
4 Tomaten

Soße:
4 EL Öl
2 EL Obstessig
1 MS Pfeffer
1/2 Bund Petersilie
1 Röhrchen Kapern

Soßenzutaten verrühren. Dazu die Petersilie fein schneiden. Chicorée waschen, Blätter einzeln lösen und in 1 cm breite Streifen schneiden. Sofort in die Soße geben. Mit Tomatenvierteln garnieren.

Tip Es gibt Gourmets, die den bitteren Kern des Chicorée am liebsten essen.
Wer sich nichts daraus macht, sollte ihn herausschneiden!

Chicorée in Curry 54

Chicorée waschen, Blätter einzeln lösen und in 1 cm breite Streifen schneiden. Bananen schaumig schlagen, Äpfel mit Schale würfeln. Alles in die vorbereitete Soße geben. Eventuell mit süßer Sahne abrunden.

2 Stauden Chicorée
2 säuerliche Äpfel
1–2 Bananen

Soße:
2 Becher Joghurt oder saure Sahne
Saft 1/2 Zitrone
1/2 Knoblauchzehe, frisch gepreßt
3–4 EL Öl
1/2 TL Hefepaste
1/2 TL Curry

Chicorée mit Orangen 55

Chicorée entblättern, so daß der Kern übrigbleibt. Chicoréeblätter abspülen, abtrocknen, in ca. 1 cm breite Stücke schneiden. Sahne dickflüssig schlagen, mit angegebenen Zutaten würzig abschmecken, fein geschnittenen Dill unterheben. Soße über den Chicorée gießen. Mit halbierten Orangenscheiben garnieren.

3 Stauden Chicorée
2 Orangen

Soße:
1 Tasse süße Sahne
1 EL Senf
1 EL Obstessig
1 EL Öl
1 Bund Dill
Kräutersalz
1 Prise Cayennepfeffer

56 Frühlingssalat

2 Kohlrabi
200 g Spinat
2 Bund Radieschen

Soße:
3 EL Öl
3 EL Obstessig
1 TL Honig
1 MS Pfeffer
Schnittlauch
Dill
Petersilie

Soße herstellen, fein gewiegte Kräuter dazugeben. Gemüse putzen. Kohlrabi in dünne Stifte schneiden, Radieschen in Scheiben. Gemüseplatte mit Spinat belegen, Radieschen und Kohlrabi auf den Spinatblättern anrichten. Soße darübergießen.

57 Eisbergsalat mit Kresse

1 Kopf Eisbergsalat
1 Kästchen Kresse
2–3 Tomaten

Soße:
4–5 EL Öl
Zitronensaft
1 Knoblauchzehe
Senf
etwas Wasser

Eisbergsalat in etwa 1 cm breite Streifen schneiden. Kresse zupfen, die Tomaten achteln oder vierteln. Alles dekorativ auf einer Platte anrichten. Knoblauchzehe für die Soße pressen. Nach Geschmack Senf und etwas Wasser hinzugeben. Soße über das angerichtete Gemüse gießen.

Wenn es Ihnen schmeckt, können Sie gekeimte Sojabohnen oder gekeimte Kichererbsen darüberstreuen.

Tip. Für die Salate können Sie natürlich auch je nach Lust und Laune andere Soßen verwenden!

Eisenmangel durch vegetarische Kost?

Auch die Behauptung, daß dem Körper durch eine fleischlose vegetarische Kost nicht genügend Eisen zugeführt wird, ist eine »Zeitungsente«.

In Wirklichkeit ergeben die Blutuntersuchungen, daß gerade bei Vegetarien der Gehalt an Blutfarbstoff (Hämoglobin) und die Zahl der roten Blutkörperchen meist über dem Durchschnitt liegen.

Es ist ohne Belang, ob im Fleisch mehr Eisen ist als in manchen Pflanzenteilen. Von Wichtigkeit ist nur, ob der Mensch das zugeführte Eisen verwerten kann oder nicht. Bei einer vitalstoffreichen Vollwertkost, die alle notwendigen biologischen Wirkstoffe enthält, braucht man sich um Details wie genügend Eiweiß, Eisen, Calcium, Magnesium, Kalium usw. nicht zu kümmern.

Gefüllter Eissalat   58

Salat waschen und vierteln. Gorgonzola würfeln und mit den Mandeln und Trauben zwischen die Salatblätter stecken. Joghurt mit Salz und Pfeffer verrühren, evtl. mit pflanzlicher Brühe verlängern, über den Salat gießen.

1 großer Kopf Eissalat
250 g blaue Weintrauben
50 g Salzmandeln
100 g Gorgonzola
1 Becher Joghurt
Vollmeersalz und Pfeffer

59   Blumenkohl in Curry

1 kleiner Blumenkohl
6 Tomaten
1 kleiner Endiviensalat

Soße:
1 Tasse süße Sahne
3 EL Öl, Zitronensaft
1/2 TL Honig, 1/2 TL Curry
Kräuter

Blumenkohl fein raffeln, in der Mitte einer Salatplatte anhäufeln. Tomaten in Scheiben schneiden und um den Blumenkohl arrangieren. Endiviensalat in Streifen schneiden und am Rand anordnen. Mit der Soße aus dickflüssig geschlagener Sahne, Öl, Zitronensaft, Honig, Curry und fein gehackten Kräutern übergießen.

60   Gurkensalat mit Kräutern

1–2 Salatgurken

Soße:
4–5 EL Öl
1–2 EL Tomatenmark
1 EL Obstessig
1 TL Honig
Kresse, Petersilie, Schnittlauch

Gurken mit Schale fein hobeln und sofort in die vorbereitete Soße geben.

61   Bulgarischer Gurkensalat

1–2 Salatgurken

Soße:
2 Becher Joghurt oder saure
Sahne, 3–4 EL Öl, Saft von
1/2 Zitrone, 1 Zwiebel
1 Knoblauchzehe, 1 gestr. TL
Kräutersalz, 2 MS Pfeffer
1 Bund Petersilie und Dill

Knoblauchzehe zerdrücken und in Öl geben. Danach alle anderen Soßenzutaten unterrühren. Salatgurke ungeschält fein schneiden oder hobeln und sofort in fertige Soße geben. Zum Schluß fein gehackte Kräuter unterrühren.

Wer Diät ißt, wird krank!

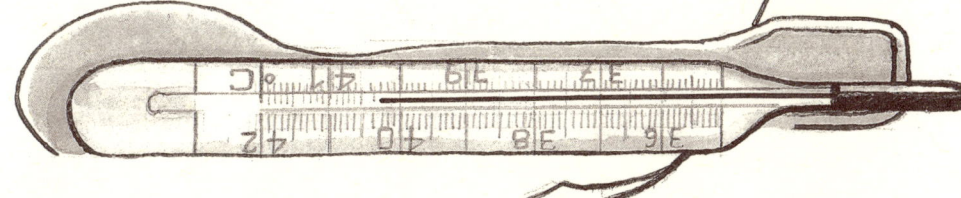

Vollwertkost ist keine Diät!

Die üblichen Diäten sind einseitig, nicht vollwertig und meist durch Verbote gekennzeichnet.

Vitalstoffreiche Vollwertkost ist nichts Besonderes, sondern die natürliche Kostform, die bereits von vielen Generationen vor uns gegessen wurde.

Wir müssen den Umgang damit nur wieder erlernen.

Milchgesäuerte Gurken

Die Gurken zum Einsäuern sollen etwa mittelgroß und fest sein. Sie werden gewaschen und gebürstet. Es empfiehlt sich, die Gurken mit einer Stricknadel oder einem spitzen Messer anzustechen, so daß der Flüssigkeitsaustausch besser vor sich gehen kann. Größere Gurken werden in Stücke geschnitten.

Packen Sie die Gurken mit den Gewürzen fest zusammen in den Gärtopf. Füllen Sie den Topf mit dem Salzwasser und der Molke auf. Wenn möglich, legen Sie zum Schluß Himbeer- und Johannisbeerblätter zum Abdecken auf die Gurken. Die Gurken sind nach 14 Tagen bis drei Wochen gebrauchsfertig.

Beim Einsäuern von Gemüse habe ich – im Gegensatz zu anderen Rezepten – nichts Neues erfunden, sondern mich an bewährte Anleitungen gehalten. Abweichungen in der Zusammenstellung und im Würzen bleiben jedoch der Phantasie des einzelnen überlassen.

Sollte sich auf dem Sauerkraut oder anderen Gemüsen ein weißer Belag zeigen, so ist dies ohne Belang und bringt keine gesundheitlichen Nachteile.

62 Endiviensalat

1 Kopf Endiviensalat

Soße:
4 EL Öl, 3 EL Obstessig
1 EL Senf
3 EL pflanzl. Brühe
1 MS Kräutersalz
1 Prise Cayennepfeffer
evtl. 3 EL Wasser

Endiviensalat waschen und in feine Streifen schneiden. Sofort mit der Soße mischen. Vorsicht bei Cayennepfeffer: sehr scharf! Nach Geschmack können 100 g grob gehackte Walnußkerne untergemischt werden. Endiviensalat läßt sich gut mit anderen Gemüsesorten kombinieren, z.B. Möhren, Tomaten, Radieschen, Gurken ...

63 Linsensalat

100 g Linsen
200 g Sauerkraut
4 Tomaten
Öl, Obstessig
Thymian, Petersilie

Linsen keimen lassen, mit klein geschnittenem Sauerkraut vermischen, mit anderen Zutaten pikant würzen. Mit Tomaten und frischer Petersilie garnieren.

64 Grüner Salat mit Zwiebeln

1 großer Kopfsalat
3 große Zwiebeln
2 Eier
100 g Haselnüsse

Soße:
4 EL Öl
Saft von 1/2 Zitrone
4 EL Sahne, 1 TL Senf
1 TL Honig, 1 MS Pfeffer

Soße vorbereiten. Salat grob zerpflücken. Zwiebeln in feine Ringe schneiden. Mit Soße mischen. Nüsse und hart gekochte Eier grob hacken und über den Salat streuen.

Kräutersalat 65

Löwenzahn und Sauerampfer putzen, waschen, in 3–4 cm lange Stücke schneiden. Apfel würfeln. Alles mit vorbereiteter Soße mischen.

4 Handvoll Löwenzahn
1 Handvoll Sauerampfer
1 Apfel

Soße:
3 EL Öl, 2 EL Obstessig
1 TL Tomatenmark
1 TL Senf, 1 MS Kräutersalz
weißer Pfeffer
je 1 EL Petersilie und
Schnittlauch

Birnen-Sellerie-Salat 66

Birnen ungeschält würfeln, mit Zitronensaft beträufeln. 250 g blaue Weintrauben halbieren, eventuell entkernen. Sellerie putzen, in 1 cm breite Streifen schneiden. Alles vorsichtig vermischen, Öl und Zitronensaft nach Geschmack hinzufügen, mit Paprika bestreuen und mit Walnußhälften garnieren.

500 g saftige Birnen
250 g blaue Weintrauben
3 Stangen Bleichsellerie
Walnußhälften

Soße:
3–4 EL Öl, Zitronensaft
1 MS Paprika, edelsüß

Rote Bete mit Gurke 67

Rote Bete und Möhre raffeln. Gurken, Zwiebeln, Apfel würfeln. Mit Öl und Obstessig pikant abschmecken. Mit gehackter Petersilie bestreuen.
Alternative: Rote Bete mit Apfel und Sauerkraut gemischt schmeckt ebenfalls sehr gut.

2 mittlere rote Bete
3 milchsaure Gurken
1 Zwiebel, 1 Möhre
1 Apfel, Petersilie
Öl, Obstessig

68   Rote-Bete-Salat

2 rote Bete
3 säuerliche Äpfel
Saft von 1/2 Zitrone
3 EL Öl, 2 EL saure Sahne
3 EL gerieb. Haselnüsse

Rote Bete waschen, bürsten, grobe Teile am Blattansatz ab-
schneiden, dann fein reiben und mit den grob oder fein geraffelten Äpfeln mischen. Öl und Zitronensaft unterrühren,
evtl. mit saurer Sahne und geriebenen Haselnüssen abrunden.
Pikante Alternative: Mit Kümmel, Zwiebeln, Zitronensaft
und 1 MS Kräutersalz abschmecken.

69   Rotkohlsalat

500 g Rotkohl
3 Äpfel, Walnüsse

Soße:
1 Becher saure Sahne
Saft von 1/2 Zitrone
3–4 EL Öl, 1 EL Meer-
rettich, 1 TL Honig

Rotkohl fein hobeln, Äpfel grob raffeln. Sofort mit der
Soße mischen. Mit grob gemahlenen Walnüssen bestreuen.

70   Rotkohl-Früchte-Salat

250 g Rotkohl
1 Zwiebel
2 Äpfel, 1 Banane, 1 Orange
Saft von 1/2 Zitrone und
1 Orange, 50 g Sultaninen
1 MS Vollmeersalz
1 MS weißer Pfeffer
1–2 TL Honig, 4–6 EL Öl
12 Walnußhälften

Kohl putzen, sehr fein hobeln. Zwiebeln fein würfeln, dazu-
geben. Mit Vollmeersalz und Pfeffer würzen. Orange und
Äpfel würfeln, Banane in Scheiben schneiden, mit Honig,
Öl und Sultaninen zum Salat geben. Mit Orangen- und Zi-
tronensaft übergießen. Zugedeckt 1/2 Stunde ziehen lassen.
Mit Walnußhälften garnieren.

Salat international

Paprikaschote würfeln, Zwiebeln in feine Ringe schneiden, Frühlingszwiebeln mit Kraut fein schneiden, Orange würfeln. Sauerkraut zupfen. Pfifferlinge roh lassen oder in wenig Butter 5 Minuten dünsten. Vor dem Servieren alle Zutaten mit Öl und Gewürzen mischen. Pikant abschmecken. Kiwi in Scheiben schneiden und Salat damit garnieren.

1 rote Paprikaschote
2 große Zwiebeln
2 kleine Frühlingszwiebeln
1 Orange
100 g Sauerkraut
100 g Pfifferlinge
2 Kiwi
Öl
Zitronensaft
Cayennepfeffer
schwarzer Pfeffer

Sind rohe Bohnen giftig?

Pauschal ist diese Frage schwer zu beantworten, da die Verhältnisse bei den einzelnen Bohnenarten verschieden liegen.

Rohe grüne Bohnen, seien es die Schalen oder der Samenkern, gehörten noch nie zum Speiseplan der Rohkost. Ob dies darauf zurückzuführen ist, daß der Geschmack nicht zusagt, oder ob sie mehr aus Instinkt gemieden werden, ist nicht genau zu sagen.

Bei der Tierfütterung hat sich gezeigt, daß einzelne Liguminosen (das sind Hülsenfrüchte) wachstumshemmende Stoffe enthalten, die durch Erhitzung zerstört werden.

Beim Menschen ist die Empfindlichkeit auf diese Stoffe verschieden. Es wird daher geraten, grüne Bohnen zu kochen.

Die Praxis hat gezeigt, daß der Verzehr gekeimter Sojabohnen im Rahmen der üblichen Frischkost keine Nachteile bringt.

72   *Gemüsesuppe mit Weizen*

Lauch-Möhren
250–300 g Gemüse
(Lauch und Möhren)
1 EL Butter
1 EL Wasser
1 Zwiebel
1 l Gemüsebrühe/Wasser
50 g Weizenfeinschrot
1/2 Becher saure Sahne
4–5 EL süße Sahne
Salz
Paprikapulver
Kümmelpulver
Muskatblüte
Majoran
Petersilie und Schnittlauch

Lauch in ca. 1–1,5 cm breite Streifen, Möhren in dünne Scheiben und die Zwiebel in feine Ringe schneiden. Alles zusammen ungefähr 10 Minuten in Butter/Wasser dünsten (bei geschlossenem Deckel), danach das Weizenfeinschrot einige Minuten mitdünsten, mit Wasser oder Gemüsebrühe aufgießen, wenige Minuten leicht kochen, dann etwas nachquellen lassen.
Mit der Sahne und den angegebenen Gewürzen abschmekken, Kräuter darüberstreuen (gehackte Petersilie und Schnittlauchröllchen).

Sellerie-Möhren
250–300 g Gemüse
(Sellerie und Möhren)
1 EL Butter
1 EL Wasser
1 l Gemüsebrühe/Wasser
50 g Gerstenfeinschrot
1 Becher saure Sahne
Salz, Selleriesalz
1 Prise Liebstöckel,
Koriander, Piment
süße Würze
1 TL Butter
Petersilie, Sellerieblatt

Arbeitsweise wie oben. Zum Schluß gehackte Petersilie und Sellerieblatt obenauflegen.

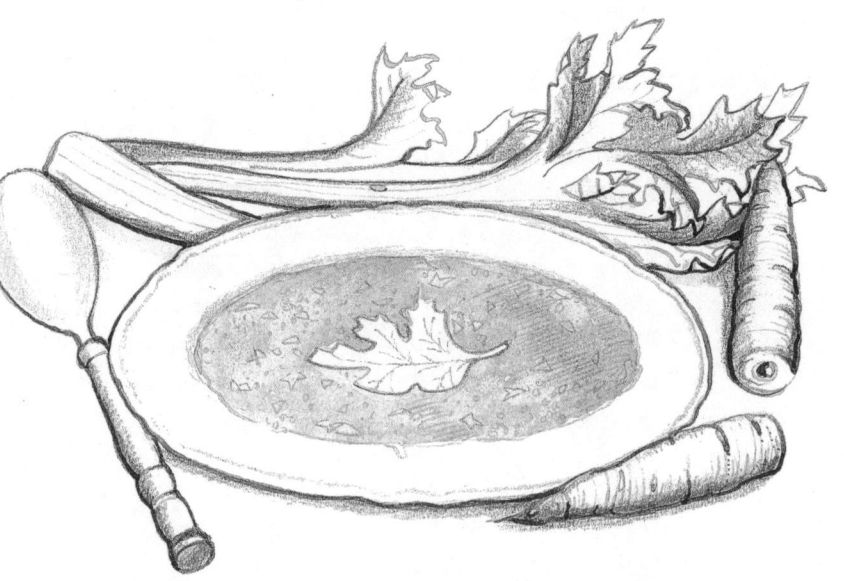

Gemüsesuppe 73

Lauch und Zwiebeln werden in Öl glasig gedünstet. Zerkleinerte Gemüsesorten zugeben, mit Gemüsebrühe auffüllen und 20–30 Minuten leise kochen lassen. Selleriegrün, Thymian und Liebstöckel fein schneiden, zum Schluß über die Suppe streuen. Mit Kräutersalz abschmecken, mit süßer Sahne abrunden.

2 Möhren
1 Kohlrabi
1 Sellerie
2 Zwiebeln
1 Stange Lauch
1 Tasse Erbsen
2 Handvoll grüne Bohnen
Selleriegrün, Thymian,
Liebstöckel
2 EL Öl
1 1/2–2 l Gemüsebrühe
Kräutersalz
süße Sahne

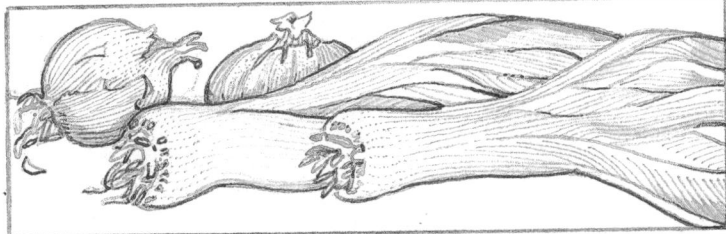

Blumenkohlsuppe mit Hirsemehl 74

Blumenkohl bißfest garen (in Röschen zerteilt), das Kochwasser auf 1 Liter auffüllen. In 1 EL zerlassener Butter 60 g Hirsemehl »anschwitzen«, jedoch nicht braun werden lassen, mit der lauwarmen verlängerten Brühe unter ständigem Rühren auffüllen, einmal aufkochen lassen. Die Gewürze hinzugeben, Zitronensaft vorsichtig verwenden, zum Schluß mit dem Eigelb legieren. Ist Zitronenmelisse frisch vorhanden, kann sie gehackt auf die Portionen oder die Schüssel gegeben werden. Die geschnittenen Blumenkohlröschen und die Tomatenwürfel (ohne das Innere) können entweder in die Suppentassen oder in die gesamte Suppe gegeben werden.

Etwa 250 g Blumenkohl
60 g Hirsemehl
1 Eigelb, 1 EL Butter
Muskatnuß, Muskatblüte
Zitronenmelisse
Zitronenschale
Saft von 1/2 Zitrone
süße Sahne
einige Blumenkohlröschen
(blättrig geschnitten als
Einlage)
1 Tomate, gewürfelt

75   *Kerbelsuppe mit Gerste*

*60 g Gerstenfeinschrot
1/2 l Wasser oder Gemüse-
brühe
100 g süße Sahne
10–15 g frischer Kerbel
(d.i. eine gute Handvoll)
1 TL Salz
1 Prise Anis und Fenchel
Muskatnuß und Muskatblüte
1 EL Butter*

Schmeckt nur mit frischem Kerbel wirklich gut!
Gerstenfeinschrot im trockenen Topf einige Minuten leicht
darren, bis es fein malzig duftet, mit 1/2 Liter Wasser/Ge-
müsebrühe auffüllen, gut durchrühren, die Stiele des frischen Kerbels können mitgekocht werden. Nach wenigen
Minuten Kochen von der Hitzestelle nehmen und ausquellen lassen. Mit den Gewürzen pikant abschmecken (die
Kerbelstiele natürlich wieder entfernen), mit Sahne und
Butter abrunden. Die relativ große Menge an frischem Kerbel, fein gehackt, gibt der Suppe nicht nur einen interessan-
ten Geschmack, sondern auch ein solches Aussehen!

76   *Dinkel-Sellerie-Suppe*

*60 g Dinkelfeinschrot
350–400 g Sellerieknolle
(geputzt)
Sellerieblätter
1 l Gemüsebrühe oder Wasser
30 g Butter
5–6 EL süße Sahne
Selleriesalz
Koriander
Muskatblüte
Petersilie*

Gewürfelte Sellerieknolle mit kleingeschnittenen Blättern
andünsten, nach ca. 10 Minuten Dinkelfeinschrot zugeben,
einige Minuten mitdünsten, Gemüsebrühe oder Wasser
auffüllen, aufkochen lassen, abschmecken. Zum Verzieren
und Abrunden gehacktes Selleriekraut und Petersilie darüberstreuen.

Zitronen-Reis-Suppe 77

Die trocken ausgekochten ca. 400 g Reiskörner entsprechen 80–100 g ungekochtem Reis. Den Reis in der Gemüsebrühe einmal aufkochen lassen, Liebstöckel mit ziehen lassen, die jungen Erbsen brauchen lediglich wenige Minuten in der heißen Brühe ziehen (genauso tiefgefrorene Erbsen), danach mit Eigelb, Sahne, Butter und den Gewürzen abschmecken, Kräuter gehackt obenaufgeben.

400 g gek. Reiskörner
200–250 g enthülste, junge Erbsen
1 Stengel Liebstöckel
1 l Wasser/Gemüsebrühe
2 Eigelb
2 EL Zitronensaft
5 EL Sahne
1 EL Butter
etwas Delikatagewürz
Salz
2 EL gehackte Kräuter (Dill, Petersilie, Zitronenmelisse, Zitronenthymian)

Haferklößchensuppe 78

Das Suppengrün putzen, klein schneiden und ca. 15 Minuten in 1 l Wasser oder Gemüsebrühe leicht »köcheln« lassen. In die erwärmte, jedoch nicht heiße Butter die ganzen Eier, knapp 1/2 TL Kräutersalz und Muskatnuß sowie Muskatblüte geben, sofort das gesamte frisch geschrotete Hafermehl einrühren, das alles auf E-Stufe 2. Bei ständigem Rühren nimmt die Masse sehr bald eine dunklere Farbe an, wird dicker bis hin zu einem glatten, geschmeidigen, glänzenden Kloß, es handelt sich hierbei um eine Art Brandteig.
Aus dem Teig lassen sich kleine Klößchen formen, geben Sie sie in die leise ziehende Brühe, nach einigen Minuten kommen sie bereits hoch und sind gar. Haferklößchen sind etwas empfindlich, sie können bei sprudelndem Kochen und Rühren leicht zerfallen. Andererseits schmeckt die Suppe sehr fein, so daß Ihre Mühe belohnt wird.

1 Bund Suppengrün
1 l Gemüsebrühe oder Wasser
60 g Butter
80 g Hafermehl
2 ganze Eier
Muskatnuß, Muskatblüte
Kräutersalz
Petersilie gehackt

79   *Möhrencremesuppe*

500 g Möhren
1 l Gemüsebrühe oder Wasser
mit Gemüsebrühwürfel
1 Zwiebel
50 g Hirsemehl
Hefegewürz, Nelkenpulver
Selleriesalz
5 EL süße Sahne
1 EL Butter
Petersilie und Schnittlauch,
gehackt

Etwa die Hälfte der Möhren und die Zwiebel im kleingeschnittenen Zustand mit Butter im eigenen Saft gardünsten.
Inzwischen die Gemüsebrühe oder das Wasser zum Kochen bringen, das Hirsemehl unter ständigem Rühren einstreuen, einmal aufkochen lassen, gut würzen. Sahne, Butter und Kräuter werden erst später hinzugefügt. Die restlichen Möhren fein pürieren, die gegarten Möhren leicht zerdrücken, beides zur Suppe geben, möglichst nicht mehr kochen lassen, mit den restlichen Zutaten fein abschmecken.
Anstelle von Möhren schmeckt Sellerie ebenso gut.

80   *Zwiebelsuppe für Feinschmecker*

500 g Zwiebeln
50 g Butter
50 g Weizenvollkornmehl
1 l Gemüsebrühe oder Wasser
mit Gemüsebrühwürfel
1 TL Kräutersalz
Pfeffer, Paprikapulver
Delikata, Majoran
1 Becher saure Sahne
5–6 EL trockener Weißwein
1 TL Honig
2–3 Scheiben Vollkorntoast
50 g geriebener Käse

Zwiebeln schälen, in feine Ringe schneiden, in der Butter
goldbraun dünsten. Weizenvollkornmehl die letzte Minute
mitdünsten, mit Wasser oder Gemüsebrühe ablöschen,
noch wenige Minuten leise kochen lassen. Brühwürfel, Gewürze, saure Sahne und Wein in die Suppe geben, pikant
abschmecken. Vollkorntoast-Scheiben (geröstet) mit Butter
bestreichen, kleine Würfel schneiden, auf die Suppe geben,
am besten, wenn diese bereits in die Suppentassen gefüllt
wurde. Mit Käse überstreuen. Einige Minuten im Ofen bei
250 Grad überbacken.

Delikate Champignon-Suppe 81

2 Eier halbhart kochen, Champignons putzen und blättrig schneiden (wahrscheinlich werden Sie Zuchtchampignons nehmen, diese sind meist so sauber, daß es genügt, sie mit einem trockenen, sauberen Tuch abzureiben), Zwiebeln in sehr feine Scheiben schneiden, zusammen mit den Champignons einige Minuten in der Butter dünsten – behalten Sie bitte einige kleine Pilze zurück. Weizenschrot zugeben und nach kurzer Zeit mit Wasser/Gemüsebrühe auffüllen, einmal aufkochen lassen.

Mit Sahne, der restlichen Butter, den Gewürzen und zum Schluß dem Wein pikant abschmecken. Gehackte Kräuter, gewürfelte Tomaten (ohne Inneres) und die rohen, blättrig geschnittenen Pilze sowie die gehackten Eier als Einlage portionsweise in die Suppentassen geben.

100 g Butter
2–3 große Zwiebeln
400 g Champignons
3 Tomaten
1 l Wasser oder Gemüsebrühe
2 Eier
50 g Weizenfeinschrot
1/8 l süße Sahne
1/4 Glas Weißwein
Salz, Pfeffer, Muskatnuß,
Muskatblüte, Paprikapulver
Kräuter: Schnittlauch, Peter-
silie, Estragon und Pimpinelle

Kartoffelsuppe mit Wildkräutern 82

Kartoffeln schälen, kleinschneiden und knapp mit Wasser bedeckt garen. Sie benötigen dafür etwa 1/4 Liter. Inzwischen Lauch, Möhren und Wildkräuter kleinschneiden, einige Minuten in 1 EL Butter dünsten. Kartoffeln mit einem Kartoffelstampfer zerdrücken, restliches Wasser (1 Liter), Gemüsebrühwürfel und das gedünstete Gemüse dazugeben, mit Butter, Sahne, den Gewürzen und restlichen Zutaten abschmecken. Sie werden staunen, wie fein die Wildkräuter sich in der Suppe machen.

Tip **Hacken Sie Brennesselblätter mit einem Kräuterwiegemesser sehr fein, dann brennen die Nesseln selbst im rohen Zustand nicht mehr.**

Etwa 400–500 g Kartoffeln
1 1/4 l Wasser
1 Gemüsebrühwürfel
1 Stange Lauch, 2 Möhren
eine große Handvoll Wild-
kräuter, vor allem Brennessel-
spitzen, etwas Sauerampfer,
Löwenzahn, Schafgarbe
als Küchenkräuter Thymian
oder Majoran, Basilikum
2 EL Butter, 100 g süße Sahne
5 EL herber Weiß- oder
Roséwein
Kräutersalz, Muskatnuß und
Muskatblütengewürz

83 Grüne Suppe

1 Bund Petersilie
1 Bund Dill
1 Bund Basilikum
1 Bund Liebstöckel
1 Bund Kerbel
1 EL Butter
2 EL Vollkornmehl
1/4 l süße Sahne
1 l Gemüsebrühe
frisch gemahlener Pfeffer
Kräutersalz

Kräuter waschen, abtropfen lassen, fein schneiden. Vollkornmehl mit etwas Gemüsebrühe verrühren, unter Rühren zum Kochen bringen, mit restlicher Gemüsebrühe auffüllen. Kräuter zugeben, 5 Minuten leicht kochen lassen. Sahne dickflüssig schlagen, unter die Kräutersuppe ziehen. Mit Pfeffer und Kräutersalz abschmecken.

84 Brotsuppe

200 g altes Vollkornbrot
1 Möhre
1 kleine Sellerieknolle mit
Kraut
2–3 Tomaten
1 1/2 l Gemüsebrühe
1 Tasse süße oder saure
Sahne
frische Kräuter
evtl. Kräutersalz

Vollkornbrot, Möhre und Sellerieknolle zerkleinern und in der Gemüsebrühe weich kochen. Dann alles pürieren und mit Sahne und Kräutern abschmecken.

Äußerer Eindruck

Willst du als Kranker Eindruck schinden,
mußt du dir schon den Kopf einbinden.
Du kannst nur rechnen auf Erbarmen
mit kompliziert gebrochenen Armen.
Jedoch mußt du bei Magenkrämpfen
schon ziemlich zäh um Mitleid kämpfen,
und gar bei Rheuma oder Gicht
verabreicht man's grundsätzlich nicht.
Bei Seelenleiden, noch so groß,
ist deine Mühe aussichtslos,
es müßte denn grad Tobsucht sein:
Die glaubt man dir – und sperrt dich ein!

Eugen Roth

Feine Linsensuppe 85

Linsen am Vorabend einweichen. Gemüse fein würfeln und mit den Linsen in 2 l Gemüsebrühe ca. 3/4 Stunde köcheln lassen. Wenn Linsen gar sind, mit Gewürzen mischen, mit Olivenöl abrunden.

Tip: Probieren Sie dieses Gericht – aber auch andere Speisen – einmal mit ganz anderen Gewürzen aus als den genannten. Zum Beispiel in diesem Fall mit einem Hauch Zimt(!) oder mit Weinessig abgeschmeckt, mit Honig ...

250 g Linsen
1 Zwiebel
1 Möhre
etwas Selleriegrün
1 Knoblauchzehe
3–4 Salbeiblätter
frisch gem. schwarzer Pfeffer
Kräutersalz
1/2 Tasse Olivenöl

Erbsencreme-Suppe 86

Zwiebel fein würfeln, in Butter leicht anbräunen. Erbsen und Brühe dazugeben, 5 Minuten kochen lassen. Man kann frische oder gefrorene Erbsen verwenden. Erbsen pürieren. Saure Sahne und Öl mit Schneebesen einrühren. Mit den angegebenen Gewürzen abschmecken. Mit gehackter Petersilie bestreut servieren.

500 g Erbsen
1 große Zwiebel
1 EL Butter
1/2 l Gemüsebrühe
1/2 Becher saure Sahne
1–2 EL Öl
Kräutersalz, schwarzer Pfeffer, Zitronensaft, 1 Spritzer Worcestersoße, 1 Prise Chili-Pfeffer, frische Petersilie

87   *Tomatenkaltschale*

500 g Tomaten
1 große Zwiebel
1 Paprikaschote

Soße:
5 EL Öl
1 MS Kräutersalz
1 Knoblauchzehe
1 Stengel Basilikum
1/8 l Schlagsahne

Knoblauchzehe in Ölivenöl pressen, mit Kräutersalz verrühren. Zwiebel fein schneiden oder durch Zwiebelpresse geben. Paprikaschote fein würfeln. Tomaten im Mixer pürieren. Alles mischen. Basilikum fein schneiden und unterheben. Mit steif geschlagener Sahne verzieren.

Milchsaures Gemüse – sinnvolle Ergänzung

Milchsaures Gemüse, mäßig gegessen, ist eine sinnvolle Ergänzung des vollwertigen Speiseplans.
Darüber hinaus ist es ein idealer Wintervorrat, denn nicht jeder kann sich eine Gartenmiete oder große Kellervorräte anlegen.
Milchsäuregärung ist eine alte Methode, die seit altersher zur selbstverständlichen Vorratshaltung gehörte.
Es können fast alle Gemüsesorten eingesäuert werden. Bevorzugt werden sollten Gemüsesorten aus naturgemäßem Anbau, denn es hat sich gezeigt, daß Gemüse aus üblichem Anbau nicht zum Ansetzen geeignet ist. Der Gärprozeß kommt nicht richtig in Gang, oder das Gemüse riecht nach einiger Zeit übel, verfault.
Einsäuern können Sie in Schraubgläsern, Weckgläsern, Steinguttöpfen oder aber in speziellen Gartöpfen mit Tauchdeckel und Wasserrinne.

Fruchtsuppe für warme Sommertage 88

Weizenfeinschrot leicht darren (rösten), abkühlen lassen, mit dem Früchtetee auffüllen, kurz aufkochen lassen, von der Hitzestelle nehmen, zugedeckt zum Quellen hinstellen. Den Honig cremig rühren bzw. zusammen mit einem kleinen Teil der Früchte im Mixer pürieren. Das süße Früchtepüree gibt feinen Geschmack. Bitte die angegebenen Gewürze zufügen. Sommerfrüchte wie Erdbeeren, Himbeeren, Johannisbeeren, Kirschen, Heidelbeeren, später Brombeeren ganz hineingeben. Anderes Obst wie Äpfel, Orangen, Birnen, Aprikosen o.ä. zerkleinern. Zum Schluß die geschlagene Sahne unterheben, in Portionsschalen servieren. Dazu reichen Sie am besten Vollkornwaffeln.

80 g Weizenfeinschrot
3/4 l Wasser, besser Früchtetee (Apfel, Hagebutten)
3 EL Honig
abgeriebene Schale 1 Zitrone
Delifrut-Gewürz
Spur Nelkenpulver
300–400 g frisches Obst
150 g Sahne

Ja oder nein zum Dampfdrucktopf?

Untersuchungen ergaben, daß eine kurzzeitige Erhitzung auf hohe Temperaturen Vitamine weniger schädigt als eine langdauernde Erhitzung auf weniger hohe Grade. Allerdings muß die Anleitung beim Drucktopf äußerst genau beachtet werden. Wird die Kochzeit um Sekunden überzogen, entspricht dies bereits einem normalen Kochvorgang von mehreren Minuten.

Wenn überhaupt gekocht werden soll, ist es am besten, so kurz wie möglich und nur »bißfest« zu garen. Da die beim Erhitzen entstandenen Verluste auf alle Fälle durch eine Frischkostzulage ausgeglichen werden müssen, ist die Wahl des Kochtopfes relativ unwichtig. Die wieder in Mode kommende »Kochkiste« ist aus den obengenannten Gründen nicht zu empfehlen.

89 Bratlinge aus Schrot

100 g Roggenschrot
50 g Weizenschrot
50 g Grünkernschrot
1–2 Zwiebeln
1–2 Eier
Kräutersalz
Paprikapulver
Delikata
1 Prise Salbei
1–2 EL Kräuter

Die verschiedenen Arten Schrot mit so viel Wasser vermengen, bis ein fester Teig entsteht. Neben der angegebenen Mischung geht auch jede andere Mischung aus unterschiedlichen Schrotarten. Den Teig mindestens 20 Minuten quellen lassen. Anschließend die gehackte Zwiebel, 1–2 Eier, die Kräuter hinzufügen. Für die Kräutermischung können Sie zum Beispiel Petersilie, Dill, Schnittlauch, Kresse und Estragon verwenden.
Aus dem fertigen Teig handtellergroße Bratlinge formen, die in Butter oder Öl von beiden Seiten ausgebacken werden. Diese Bratlinge schmecken auch kalt.

90 Bratlinge aus Körnerresten

300–400 g Körner
1 Ei
Kräutersalz
1 Zwiebel
Gemüsemischung:
Paprika, Lauch, Kohl
Weizenfeinschrot/Buchweizenmehl
Gewürze

Die Körner müssen bereits gekocht sein, man kann also am besten übriggebliebene Roggen-, Weizen-, Dinkel-, Grünkern- oder Gerstenkörner verwenden. Diese Körner werden püriert, dann gibt man die übrigen Zutaten dazu. Etwas Gemüse wird kleingeschnitten, unter Umständen kann man zur besseren Bindung etwas Weizenfeinschrot oder Buchweizenmehl zugeben.
Als Gewürze eignen sich: Pfeffer, Paprikapulver, Muskatblüte, Kümmel, Cayenne, Picata, Salbei und Basilikum.
Mit einem EL Portionen in das heiße Fett geben, flachdrükken und von beiden Seiten knusprig backen. Hellere Getreide geben natürlich hellere Bratlinge als z.B. der dunkle Roggen.

Kohl-Weizenschrot-Bratlinge 91

Man kann sowohl Weißkohl als auch Wirsingkohl und Spitzkohl verwenden. Der Kohl muß sehr fein geschnitten sein, damit der Teig nicht auseinanderfällt.

Aus den angegebenen Zutaten einen fast festen Teig bereiten. Dann ungefähr 15–30 Minuten quellen lassen. Das ist eine Voraussetzung für ein gutes Bratergebnis.

Die Kräuter können entweder frisch und klein gehackt oder pulverisiert sein. In Butter oder Öl werden die Bratlinge schonend gebacken.

300–400 g Kohl
120–150 g Weizenfeinschrot
Butter/Öl zum Braten
2 Eier
2 EL Öl
1 TL Salz/Kräutersalz
Muskatnuß/-blüte
Kräuter: Majoran, Thymian, Basilikum, Liebstöckel

Haferbratlinge 92

Hafer knapp mit Wasser bedeckt über Nacht einweichen. Am nächsten Tag 1 TL gekörnte Brühe dazugeben und garen, bis Flüssigkeit aufgesogen ist. Evtl. noch etwas Wasser nachfüllen. Mit der Zwiebel zusammen durch den Fleischwolf geben oder mit Schlagmesser (Mixer) leicht zerkleinern. Mit anderen Zutaten kräftig abschmecken.

Mit nassen Händen flache Bratlinge formen, in Vollkornmehl wenden und in heißem Fett goldbraun braten.

250 g Hafer
1 TL gekörnte Brühe
1 große Zwiebel
1 Knoblauchzehe, gepreßt
100 g gehackte Haselnüsse
Paprika, Oregano, Kräutersalz

93   *Reisbratlinge*

2 Tassen Reis
4 Tassen Gemüsebrühe
1 Zwiebel
2 EL Öl
2 Tomaten
100 g Erbsen
1 Ei
Vollmeersalz, Pfeffer,
Thymian, Petersilie

Reis in Gemüsebrühe garen. Zwiebel in Öl dünsten, klein gewürfelte Tomaten, Reis und Erbsen zugeben. Mit Gewürzen abschmecken. Mit Ei verkneten. In Weizenvollkornmehl oder Reismehl wenden und in wenig Öl hellgelb backen.

94   *Reisfrikadellen*

Reisreste
1–2 Eier
gekörnte Brühe
Gewürze

Reis mit 1–2 Eiern verkneten. Abschmecken mit gekörnter Brühe, Oregano, Schabziegerklee, Basilikum, Sojasoße, Pikata und frisch gehackten Kräutern.
Frikadellen formen, in Vollkornmehl oder Semmelbröseln wenden, in wenig Öl braten.
Besondere Verfeinerung: Die angebratenen Frikadellen mit einer Scheibe Ananas und Käse belegen, 10 Minuten bei 200 Grad überbacken.

Ganze Getreidekörner 95

z.B. Roggen, Weizen, Gerste, Hafer, Dinkel/Grünkern können entsprechend abgeschmeckt **als Beilage zu Gemüse**
(anstelle von Kartoffeln, Nudeln) oder als **Salate** gereicht
werden.

Grundrezept: 250 g Getreide einer Sorte mit etwa 500 g
Wasser einige Stunden (über Nacht) einweichen. Mit dem
Einweichwasser aufkochen, bei gut schließendem Deckel
mit Minimalhitze leise »köcheln« lassen.

Roggen, Weizen, Dinkel, Gerste jeweils 45–60 Minuten,
Hafer und Grünkern ca. 35 Minuten.

Umrühren nicht nötig, aber ausquellen lassen nach dem
Kochen.

Abschmecken: 1 TL Salz/Kräutersalz, 1 EL Butter, Kräuter nach Wahl, ebenso geriebenen Hartkäse. Grünkern hat
viel Eigengeschmack, benötigt weniger Würzen, auch keinen Käse.

96 *Getreidesalat* aus Weizen/Dinkel/Gerste

Körner nach Wahl
1 große Zwiebel
2–3 milchsaure Gurken
1 mürber Apfel
2 gewürfelte Tomaten
1/2 Paprikaschote

Soße:
halb saure, halb süße Sahne
etwas süße Würze
Salz, Paprikapulver, Pfeffer
Kümmelpulver
frische Kräuter (Kresse/Peter-
silie/Schnittlauch)

Körner nach Wahl (auch als Resteverwertung geeignet!) werden entsprechend Rezept 95 gegart. Zu den erkalteten Körnern geben Sie die fein gehackte Zwiebel, die kleinegeschnittenen Tomaten und milchsauren Gurken (oder anderes milchsaures Gemüse) sowie den zerkleinerten Apfel und die zerschnittene Paprikaschote hinzu.
Dann übergießen Sie alles mit der fertigen Soße und legen eventuell zwei hartgekochte Eier in Scheiben obenauf.

97 *Grünkern-Quarkklößchen*

200 g Grünkernfeinschrot
75 g Weizenfeinschrot
200 g Quark
1 Ei, 50 g Butter
1/2 TL Salz
Majoran, Basilikum,
Delikata
Schnittlauch, Petersilie

Aus den angegebenen Zutaten einen festen, noch geschmeidigen Teig bereiten, 15–20 Minuten quellen lassen. Dann mit nassen Händen Klöße formen. Klöße ungefähr 5–8, höchstens 10 Minuten (je nach Größe) im leicht siedenden Salzwasser ziehen lassen. Die Klöße steigen hoch und sind kurz danach gar.
Aus diesem Teig lassen sich auch Bratlinge in heißem Fett ausbacken.

Dinkel-Sellerie-Salat 98

Dinkelkörner nach dem Grundrezept Nr. 95 einweichen und garen.

Gekochte Dinkelkörner mit geraffelter Sellerieknolle und den Äpfeln vermengen, sofort Zitronensaft zugeben. Die grob geriebenen oder geschnittenen Nüsse dazugeben. In die saure Sahne oder Sanoghurt das Salz, Liebstöckel und Kerbelpulver sowie Öl einrühren, unter die Getreidemischung geben, ca. 1/2 Stunde durchziehen lassen. Mit gehackten Kräutern bestreut servieren.

150 g ungekochte Körner ergeben ca. 400 g gekochte.

150 g Körner
200 g Sellerie
200 g Äpfel
80 g Nüsse
1 Becher saure Sahne oder Sanoghurt
1 EL Zitronensaft
3 EL Öl
Liebstöckel, Kerbelpulver
Salz
Kräuter: Petersilie, Sellerieblatt

Grünkernklößchen 99

Butter zerlassen (nicht heiß oder braun werden lassen), Flüssigkeit dazugeben, das Grünkernschrot zügig einstreuen, schnell und ununterbrochen rühren. Den Herd (E-Herd) höchstens auf Stufe 2 stellen. Rühren, bis ein Kloß gebildet ist, der sich glänzend und sauber vom Topfboden löst. Den Teig etwas abkühlen lassen, Ei und Gewürze unterkneten, beliebig große oder kleine Klöße daraus formen. Es handelt sich hier um eine Art Brandteig.

Die Klöße eignen sich als Suppeneinlage (in der kochenden Brühe kurz aufkochen) oder als Beilage für eine Gemüseplatte oder auch als Füllung in Paprikaschoten, Kohlrouladen oder anderem Gemüse.

50 g Butter
1 Ei
1/8 l Sahne/Wasser (halb und halb)
100 g Grünkernmehl (Feinschrot)
Salz
Muskatnuß, Muskatblüte
Delikata, Paprikapulver

100 Grünkernfrikadellen

100 g Grünkernmehl
1 Zwiebel
3/8 l Gemüsebrühe
1 Lorbeerblatt
1 Ei
100 g Gouda, grob geraffelt
Majoran, Senf, Petersilie,
Kräutersalz, Paprika edelsüß
Öl/Butter zum Braten

Zwiebel fein würfeln, in Butter hellgelb dünsten. Grünkernmehl in Gemüsebrühe einrühren, mit Lorbeerblatt aufkochen und unter Rühren 10 Minuten auf der Platte ausquellen lassen. In die abgekühlte Masse Ei, Gouda, Gewürze rühren. Der Teig muß so fest sein, daß mit nassen Händen kleine Frikadellen geformt werden können. In Paniermehl (oder Grünkernmehl) wenden, in Butter oder Öl hellbraun braten.
Dazu schmeckt frischer Salat ebenso wie ein warmes Gemüsegericht und/oder eine pikante Tomatensoße.

101 Zwiebelkuchen

500 g Weizenvollkornmehl
1 TL Vollmeersalz
1 Würfel Hefe
1/4 l Wasser
3 EL Öl

Belag:
500 g Zwiebeln
1 TL Kräutersalz
3 Becher saure Sahne
3 Eier
1 MS Muskat
1 MS Kräutersalz
Petersilie
100 g geriebener Gouda oder
Emmentaler

Hefe in etwas lauwarmem Wasser auflösen, mit allen anderen Zutaten intensiv zu einem geschmeidigen Teig verkneten. Den Teig mit feuchten Händen auf ein gefettetes Blech streichen.
Zwiebeln in feine Ringe schneiden und in wenig Wasser mit Kräutersalz 15 Minuten dünsten. Auf dem Teig verteilen. Saure Sahne mit Eiern, Muskat, Kräutersalz, gehackter Petersilie und geriebenem Käse verrühren, auf Zwiebeln verteilen.
30 Minuten bei Mittelhitze backen.

Vollkornnudeln mit Zucchini 102

Die Nudeln werden in Salzwasser bißfest gegart. Herausnehmen und abtropfen lassen.
Zwiebeln würfeln, in Butter glasig dünsten. Zucchini in
Scheiben schneiden und dazugeben. Knoblauchzehe,
Kräutersalz und Pfeffer ebenfalls dazugeben. Mit Sahne
auffüllen und 10 Minuten schmoren lassen. Mit Mehl bestreuen, kurz aufkochen lassen. Evtl. nachwürzen – auch
mit Tomatenmark –, mit frischer Petersilie bestreuen.
Nudeln in Butter schwenken und dazu reichen oder vorsichtig unter das Gemüse heben.

500 g Vollkornnudeln
2 große Zwiebeln
2 EL Butter
1 mittelgroße Zucchini
1 Knoblauchzehe, gepreßt
2 EL Weizenvollkornmehl
1 Tasse süße oder
saure Sahne
Kräutersalz, Pfeffer, Petersilie
evtl. Tomatenmark

Cadmium im Getreide?

Auf derselben Ebene wie alle anderen angeführten Beispiele liegt die Warnung vor dem Verzehr von Frischkornbrei
und Vollkornprodukten mit der Begründung, daß sich in
den Randschichten des Getreides Cadmium anreichere.
Vor dem Verzehr der so wichtigen Vollkornprodukte wird
gewarnt. Wichtiger aber wäre es, der Bevölkerung mitzutei-
len, daß Cadmium sich besonders gern in den Innereien
(Leber, Niere) der Schlachttiere anreichert. Sie weisen den
höchsten Cadmiumgehalt auf. Auch in anderen Nahrungsmitteln (Schokolade!) wurde es nachgewiesen. Vor deren
Verzehr wurde jedoch nicht gewarnt.
Dieses merkwürdige Vorgehen ist nur verständlich, wenn
man sich bewußt macht, daß es viele Interessengruppen
gibt, denen gesunde Lebensführung ein Dorn im Auge ist.
Da das Vollgetreide in der gesunden Ernährung eine zentra-
le Rolle spielt, ist es für den Gegner ein besonders häufiges
Angriffsziel.

103   *Spätzle*

500 g Weizenvollkornmehl
2–3 Eier
3/8 l handwarmes Wasser
1 TL Vollmeersalz
geriebener Käse
Pfeffer

Alle Zutaten verrühren und so lange schlagen, bis der Teig Blasen wirft. Er darf nicht zu fest und nicht zu flüssig sein. Durch die Spätzlepresse direkt in reichlich kochendes Salzwasser drücken. Unter Rühren aufkochen lassen. Herausnehmen, mit kaltem Wasser abschrecken. Mit grob geriebenem Käse vermischen, mit frisch gemahlenem Pfeffer würzen. In gefettete Auflaufform geben, mit Butterflocken besetzen, bei Mittelhitze 15 Minuten überbacken.

Besonders gut und üppig werden die Spätzle, wenn Sie das Wasser weglassen und den Teig mit *6 Eiern* zubereiten.
Bei besonderen Gelegenheiten darf ja auch mal geschlemmt werden!

104   *Schnelle Spätzlepfanne*

500 g Weizenvollkornmehl
etwa 3/8 l kaltes Wasser
1–2 TL Vollmeersalz

Zutaten glatt verrühren, so daß Teig sehr dickflüssig ist und leicht durch ein Spätzlesieb gestrichen werden kann. Er soll so sein, daß er nicht durchtropft, aber auch nicht so zäh, daß er schwer durchgedrückt werden muß.
Teig durch eine Spätzlepresse in kochendes Salzwasser streichen. Dem Salzwasser etwas Öl beigeben, dann kleben die Spätzle nicht zusammen. Unter Rühren aufkochen lassen, dann mit kaltem Wasser abschrecken. Abtropfen lassen.
In Butter schwenken, mit Tomatenmark, Paprika und Kräutern aus der Provence würzen.
Wer *darf*, kann geriebenen Käse darüberstreuen.

Welche Bedeutung hat das Säure-Basen-Gleichgewicht?

Verschiedene Diätformen spiegeln verschiedene Auffassungen wider.

Zu einer solchen einseitigen Auffassung vom Krankheitsgeschehen gehört auch die säurefreie Ernährung, die sogenannte Anti-Acid-Methode. Ihr zufolge beruhen alle Krankheiten auf einer Übersäuerung des Organismus. Es wird dabei nicht differenziert, welche Säuren im einzelnen gemeint sind, ob im Blut, Gewebe, Urin oder Speichel. So kommt es zu grotesken Mißverständnissen. In Laienkreisen findet man zum Beispiel häufig die Vorstellung, daß die Übersäuerung durch zuviel Harnsäure bedingt sei. Dies gilt jedoch nur für den Sonderfall der Gicht. Man kann bekanntlich Nahrungsmittel in basenbildende und säurebildende einteilen. Ein säurebildendes Nahrungsmittel kann man aber nicht daran erkennen, daß es sauer schmeckt. Fleisch und Fabrikzucker sind z.B. Säurebildner, obwohl beide nicht sauer schmecken. Getreide ist ebenfalls säurebildend, aber nur in so geringem Maße, daß dadurch kein Säureüberschuß entsteht. Gemüse ist basenbildend, aber an sich selbst nicht alkalisch.

Eine biologisch vollwertige, frischkostreiche Nahrung ist immer basenbildend. Die Heilwirkung der Frischkost beruht aber nicht auf dem Basenüberschuß, sondern darauf, daß sie eine lebendige Nahrung ist, die sämtliche Vitalstoffe in einem richtigen Verhältnis enthält.

Wer sich mit einer vitalstoffreichen Vollwertkost ernährt, braucht sich um das Säure-Basen-Gleichgewicht überhaupt nicht zu kümmern.

Die Ursachen der ernährungsbedingten Zivilisationskrankheiten liegen also nicht im Säureüberschuß, sondern im Vitalstoffmangel.

105   *Pizza*

500 g Weizenvollkornmehl
1 TL Vollmeersalz
1 Würfel Hefe
1 Tasse Wasser
3–4 EL Öl

Belag:
Tomatenmark
Gemüse nach Wahl
Gewürze, Gouda

Hefe in Wasser auflösen. Alle anderen Zutaten dazugeben und verkneten. Teig sofort auf ein gefettetes Blech streichen. Das gelingt am besten mit nassen Händen.
Belag: Teig dünn mit Tomatenmark bestreichen und mit beliebigen Gemüsesorten belegen, z.B. Tomaten, Porrée, Zwiebeln, Paprika. Mit Majoran und etwas Kräutersalz bestreuen. Mit Gouda belegen. 30 Minuten bei 180 Grad backen.

106   *Semmelknödel*

5–6 alte Vollkornbrötchen
1/4 l Sahne/Wasser
(halb und halb)
2 Eier
1 Zwiebel
Vollmeersalz, Pfeffer
Petersilie
1 EL Öl

Brötchen in feine Scheiben schneiden und in lauwarmer Flüssigkeit einweichen. Zwiebel in Öl hellgelb dünsten, mit Eiern, Vollmeersalz, Pfeffer, gehackter Petersilie unter den Brötchenteig kneten.
Mit nassen Händen kleinen Probekloß formen und in siedendes Salzwasser legen. Sollte er zu weich sein, noch Weizenvollkornmehl oder Paniermehl unterkneten. Semmelknödel in siedendem Salzwasser bei kleiner Hitze zugedeckt 15–20 Minuten ziehen lassen.

Hinweis: Es ist besser, statt Milch ein Gemisch aus Sahne und Wasser zu verwenden.

Maisfächer mit Käse 107

Maismehl mit Schneebesen in die Gemüsebrühe rühren und unter Rühren aufkochen, dann ca. 10 Minuten quellen lassen. Maismasse auf ein gefettetes Blech ca. 1 cm dick ausstreichen. In Rechtecke schneiden. Die erkalteten Maisschnitten mit breitem Messer vorsichtig abheben und fächerartig (schuppenförmig) in eine gefettete Auflaufform legen. Reichlich mit Parmesan bestreuen, mit Butterflöckchen belegen. Bei 180 Grad etwa 20 Minuten backen.

300 g Mais, fein gemahlen
1 l Gemüsebrühe
100 g Parmesan
80 g Butter

Nußküchle 108

Alle Zutaten durch den Fleischwolf drehen. 1 TL gekörnte Brühe oder 1/2 Brühwürfel in ungefähr 1 Tasse warmem Wasser auflösen und mit der Masse verkneten. Es kann zusätzlich mit 2–3 EL frisch gehackter Petersilie gewürzt werden. Kleine Frikadellen formen und in wenig Fett backen. Oder: Teig in gebutterte Auflaufform drücken, mit nassen Händen glattstreichen, mit grob geriebenem Käse bestreuen und 20–30 Minuten bei Mittelhitze backen.

200 g alte Vollkornbrötchen oder altes Vollkornbrot
150 g Käse (Gouda, Emmentaler o.ä.)
100 g Haselnüsse
2 Zwiebeln
1 TL gekörnte Brühe

Falls Sie auf tierisches Eiweiß verzichten müssen/wollen, können Sie die meisten der hier angegebenen Rezepte problemlos ohne Käse zubereiten. Der Eiweißgehalt von Butter und Sahne ist vernachlässigbar.

109

Juttas Reissalat

300 g Langkornreis
(Naturreis), 1/2 Salatgurke
6–8 Tomaten, 10–15 Radieschen, 2 EL Schnittlauch
1/4 l saure Sahne
2 EL Zitronensaft
Vollmeersalz und Pfeffer
250 g Liptauer oder anderer
Frischkäse

Reis wie üblich garen. Käse mit Sahne, Zitronensaft, Salz und Pfeffer verrühren, mit dem ausgekühlten Reis mischen. In gut verschlossenem Gefäß einige Stunden stehen lassen. Kurz vor dem Servieren gehobelte Gurke, in Scheiben oder Viertel geschnittene Tomaten, geviertelte Radieschen und Schnittlauchringe untermischen.

110

Gemüserisotto

2 Tassen Vollreis
5 Tassen Gemüsebrühe
1 große Zwiebel, 2 Möhren,
3 Tomaten, 1 kleine Sellerieknolle, 1 Tasse Erbsen
1 Lorbeerblatt
Vollmeersalz, Pfeffer
Rosmarin
1/8 l süße Sahne, Parmesan

Zwiebel in wenig Öl glasig dünsten. Reis trocken zugeben, umrühren. Danach zerkleinerte Möhren, Tomaten, Sellerie und Gemüsebrühe zugeben. 20 Minuten auf kleiner Flamme dünsten. Zum Schluß Erbsen unterheben, 5 Minuten kochen. Mit Salz, Pfeffer, Rosmarin abschmecken, mit Sahne abrunden. Mit Parmesan servieren.

111

Hirse vom Blech

300 g Hirse
1 1/2 l Gemüsebrühe
1 Zwiebel, 1 Knoblauchzehe
1 Lorbeerblatt, Curry
Kräutersalz, Pfeffer, 1 Ei
Parmesan, 1 Camembert

Soße:
1 Becher saure Sahne
1 Becher Joghurt
2 EL Tomatenmark
Kräutersalz
frisch gehackte Kräuter

Hirse in Brühe mit zerkleinerter Zwiebel, Knoblauchzehe, Salz, Pfeffer und Lorbeerblatt ca. 20 Minuten auf kleiner Flamme kochen lassen. Nach dem Abkühlen Ei, Parmesan und Curry unterrühren.
Dünn auf ein gefettetes Blech streichen. Mit Camembertwürfeln bestreuen. 15 Minuten bei Mittelhitze überbacken.

138

Keine Angst vor Mutterkorn!

Mutterkorn ist ein schmarotzender Pilz, der auf Roggen wachsen kann, gelegentlich auch auf Weizen. Wenn das Getreide gut gereinigt ist – was man eigentlich voraussetzen sollte – werden Sie kein Mutterkorn finden.

Mutterkörner sind leicht erkennbar. Sie haben eine dunkelviolette bis schwarze Farbe, sind leicht sichelförmig gebogen, größer als ein Getreidekorn und können bis zu 5 cm (im Extremfall) lang werden. Sollten Sie also einmal so etwas im Getreide sehen, nehmen Sie es heraus.

Es ist allerdings unangebracht, heute vor Vergiftungen durch Mutterkorn zu warnen, da es selten vorkommt. Einige wenige Körner auf 1 kg Getreide, mitgemahlen und verzehrt, machen uns noch nicht krank. Gefährlich könnte es werden, wenn Sie regelmäßig mit jeder Getreidemahlzeit mehrere Mutterkörner zu sich nehmen.

In den letzten Monaten wurde wiederholt vor dem Verzehr von Getreide gewarnt, da angeblich Vergiftungen durch Mutterkorn aufgetreten seien. Nachforschungen haben ergeben, daß es sich bei diesen Meldungen – besonders anschaulich und drastisch wurde die Vergiftung eines Kindes geschildert – um eine Zeitungsente gehandelt hat.

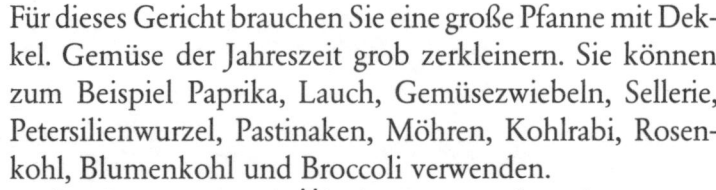

112 Gemüsepfanne

Gemüse der Jahreszeit
4–5 EL Öl oder Wasser
1 Becher saure Sahne
Kräutersalz, Pfeffer
Cayennepfeffer, Kümmel
Piment, Muskatblüte
Basilikum

Für dieses Gericht brauchen Sie eine große Pfanne mit Dek-kel. Gemüse der Jahreszeit grob zerkleinern. Sie können zum Beispiel Paprika, Lauch, Gemüsezwiebeln, Sellerie, Petersilienwurzel, Pastinaken, Möhren, Kohlrabi, Rosen-kohl, Blumenkohl und Broccoli verwenden.
In die Pfanne einige EL Öl oder Wasser geben, das Gemüse in die noch kalte Pfanne legen, obenauf machen sich dicke Tomatenscheiben und/oder ganze Champignons gut.
Deckel der Pfanne schließen, Knopf auf Position »auf« drehen, auf Stufe 2 (Elektroherd) anheizen. Erscheint eine starke Dampffahne, den Deckelknopf auf »zu« drehen und auf Stufe 1/2 zurückschalten. Etwa 15, maximal 20 Minuten dünsten lassen. Heben Sie bitte zu keinem Zeitpunkt den Deckel ab (großer Duft- und Aromaverlust!).
Saure Sahne und Gewürze zu einer Soße verrühren. Erst vor dem Servieren Deckel der Pfanne abnehmen, Soße über dem Gemüse verteilen, bitte nicht umrühren. Schnittlauch-röllchen auf Ihr Werk streuen. Pfanne möglichst so servie-ren. Über den Wohlgeschmack des so zubereiteten Gemü-ses werden Sie erfreut und erstaunt sein. ˙

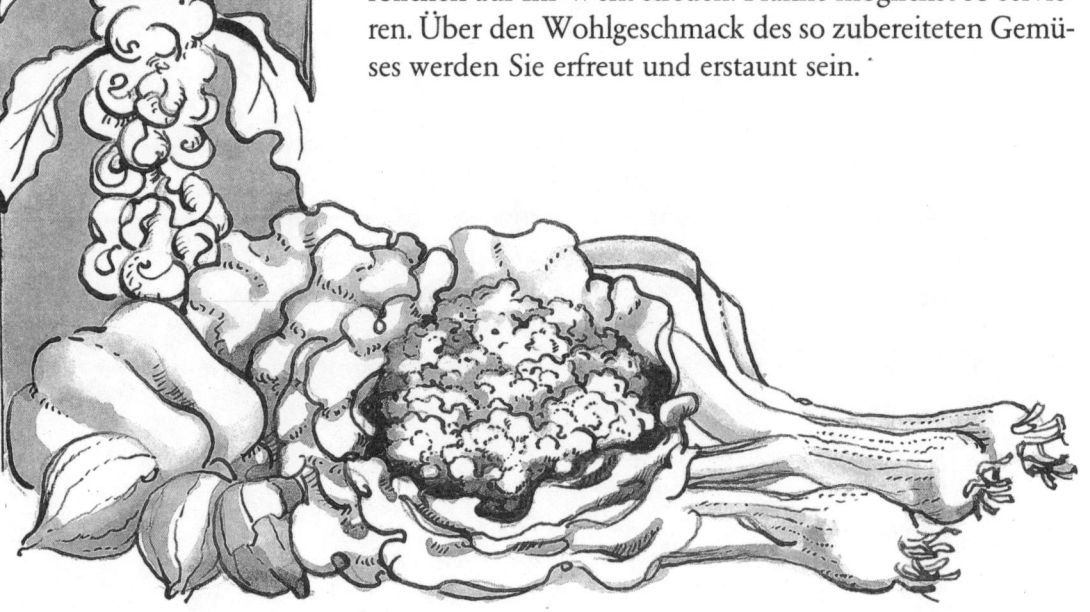

Attraktive Gemüseplatte* 113

Nach der Jahreszeit Gemüsevielfalt wählen, die farblich ein buntes Bild abgibt, z.B. halbierter oder geviertelter junger Weiß-, Wirsing-, Spitzkohl, junge ganze Möhren (oder hübsche Karotten), rote ganze Zwiebeln, Kohlrabi in dicken runden Scheiben oder Vierteln der Knollen, ebenso Sellerie, gedünstete Champignons, gefüllte kleine Paprikaschoten. Alle Teile auf schonende Weise im Ganzen oder in großen Stücken garen, auf eine große Platte hübsch farblich aufeinander abgestimmt häufen. Eine Mischung aus Kräutersalz, Paprikapulver, Muskatnuß, Muskatblüte, Kümmelpulver über das Gemüse streuen und zerlassene Butter drübergießen (kann natürlich auch dazu gereicht werden). Sie können natürlich auch eine **Kräutersoße** dazustellen: Das übriggebliebene Gemüsekochwasser ist die beste Grundlage. 1/2 l Brühe erhitzen, 1–1 1/2 EL Weizenfeinschrot einrühren, einmal aufkochen lassen, ein wenig quellen soll die Soße noch in der Küche und nicht am Tisch. Wir schmecken ab mit Salz, 1/2 saure, 1/2 süße Sahne. Als Kräuter können wir eine Sorte dominieren lassen, dann haben wir **Dillsoße, Kressesoße, Basilikumsoße.** Legieren Sie mit 1 Eigelb, runden mit 1 TL Zitronensaft, 1 TL süße Sahne ab.

*Für ein festliches Essen geeignet!

Gemüse nach Jahreszeit
Butter
Kräutersalz, Paprikapulver
Muskatnuß, Muskatblüte
Kümmelpulver

Soße:
1/2 l Gemüsebrühe
1 1/2 EL Weizenfeinschrot
1/2 Becher saure und
1/2 Becher süße Sahne
1 Eigelb
1 TL Zitronensaft
1 TL süße Sahne
Kräuter

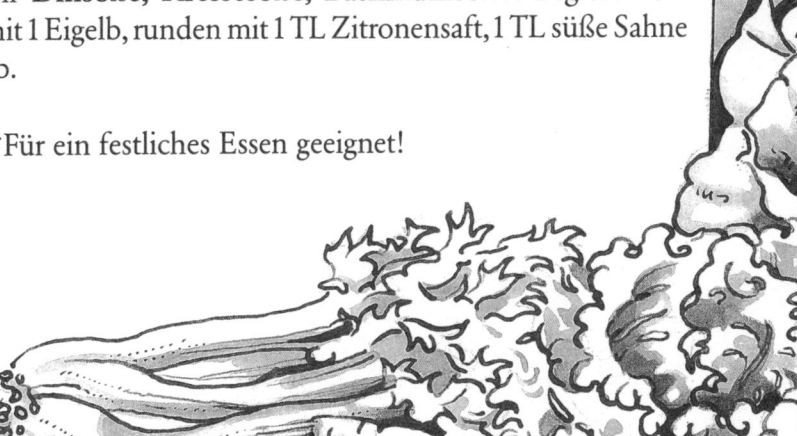

114 *Gemüse im Ganzen gegart*

Sehr viele Gemüsearten lassen sich im ganzen Stück garen. Wert- und Aromastoffe bleiben weitestgehend erhalten, das Gemüse schmeckt intensiver, behält seine Form und Farbe, es läßt sich ansprechend anrichten. Außerdem gewinnen Sie Zeit, die Sie sonst für das Zerkleinern benötigen.

Grundsatz: So kurz wie gerade nötig bei geringster Hitzezufuhr garen, entweder mit wenig Kochwasser (ergibt eine fabelhafte Gemüsebrühe) oder im eigenen Saft mit Fett oder Fett/Wasser (dabei bleibt die Temperatur eher im Kochbereich, während Fett sich höher erhitzen läßt).

Über die fertigen Gemüseteile zerlassene Butter, Salz/Kräutersalz geben, Kräuter obenaufstreuen. Oder Sie erwärmen die Butter etwas mehr und geben zum leichten Anrösten Semmelbrösel hinzu, dieses Gemisch geben Sie dann löffelweise über das angerichtete Gemüse.

Jetzt einige Beispiele: alle Kohlarten (lediglich halbieren oder – bei sehr großen Köpfen – vierteln); alles Wurzelgemüse wie Möhren, rote Bete, Petersilienwurzeln, Pastinaken, Sellerieknollen (die würde ich jedoch 1–2mal teilen); dann viele Fruchtgemüse wie Paprikaschoten, Tomaten, Zucchini; auch halbe oder kleine ganze Gurken; Kohlrabiknollen; Blumenkohl, große Zwiebeln, grüne Bohnen, Lauch.

Können Sie es sich vorstellen, wie farbenfroh eine Gemüseplatte mit 2–3 Sorten (oder mehr) ausschaut? Der intensive Geschmack wird auch Sie beeindrucken.

Kleiner Pilzauflauf 115

Zwiebelscheiben in Öl knusprig rösten. Champignons (Pfifferlinge) nach dem Putzen blättrig schneiden. Zwiebelringe aus der Pfanne nehmen und die Pilze darin ungefähr 12–15 Minuten dünsten, nicht länger. Salz und Gewürze darüberstreuen. Eine Soße aus Eiern, Sahne und Gewürzen bereiten.

Pilze und Zwiebeln in ausgefettete kleine Portions-Auflaufförmchen häufen, mit der Soße übergießen. 1 oder 2 dicke Käsestückchen darauflegen. Die Förmchen im Ofen ca. 15–20 Minuten bei 200 Grad backen. Es ist richtig und erwünscht, wenn der Inhalt beim Stocken etwas über den Rand steigt. Es kann in den Förmchen serviert werden, doch sind sie sehr heiß. Vielleicht gelingt es Ihnen, die kleinen Aufläufe auf Glasschalen zu setzen. Reichen Sie dazu frisch gebackene Vollkornbrötchen – fertig ist ein hübsches kleines Abendessen. Ergibt 4–6 Portionen.

400 g Champignons oder Pfifferlinge
1 große Zwiebel
3 EL Öl
Salz, Pilzgewürz
1 Prise Delikata
2 Eier
5–6 EL Sahne
Kräutersalz, Muskatnuß, Muskatblüte
1 Prise Nelkenpulver
Schnittlauch, Petersilie
50–70 g Hartkäse

Buntes Pilzgemüse 116

Die Zwiebeln grob würfeln, die Möhren in dünne Scheiben schneiden. Beides zusammen in Butter 5 Minuten dünsten, danach die gesäuberten, eventuell halbierten Champignons zufügen. Nicht umrühren, nur schichten! Alles zusammen weitere 10 Minuten bei geschlossener Pfanne dünsten lassen.

Saure Sahne mit Weißwein und den Gewürzen verrühren, über das fertige Gericht gießen, kleingehackte Petersilie drüberstreuen. Wenn Sie nicht die ganze Pfanne auf den Tisch stellen möchten, müssen Sie das Gemüse nach dem Garen vorsichtig herausheben und dürfen Soße und Kräuter erst in der Schüssel hinzufügen.

3 große Zwiebeln
300 g Möhren
300 g Champignons
2 EL Butter
3 EL Weißwein
Salz, Pilzgewürz
1 Prise Koriander, Pfeffer
3 EL saure Sahne
Petersilie

117   *Austernpilze*

2 große Zwiebeln
500 g Austernpilze
1 Tasse saure Sahne
Kräutersalz, schwarzer Pfeffer
gehackte Petersilie

Zwiebeln würfeln und in wenig Butter glasig dünsten. Pilze putzen, zerkleinern, dazugeben. 15 Minuten schmoren lassen. Mit Sahne und evtl. etwas Wasser auffüllen. Dann mit den Gewürzen abschmecken.
Dazu passen Kräuterreis, gebackene Kartoffeln, aber auch andere Getreidegerichte.

118   *Edeleintopf*

Gemüse nach Jahreszeit
Getreideklößchen
geriebener Käse
Butter

Kommt es nicht unbedingt auf Schönheit an, können die in Rezept 113 beschriebenen Gemüsearten (oder auch andere, je nach Geschmack) schonend vorgegart werden. Dann werden sie in eine Auflaufform geschichtet. Darauf kann man noch eine Handvoll Grünkernklößchen (Rezept 99) oder Haferbratlinge (Rezept 92) legen. Das Ganze überstreut man mit geriebenem Käse und setzt Butterflöckchen darauf. Ca. 10 Minuten bei 200 Grad überbacken lassen.

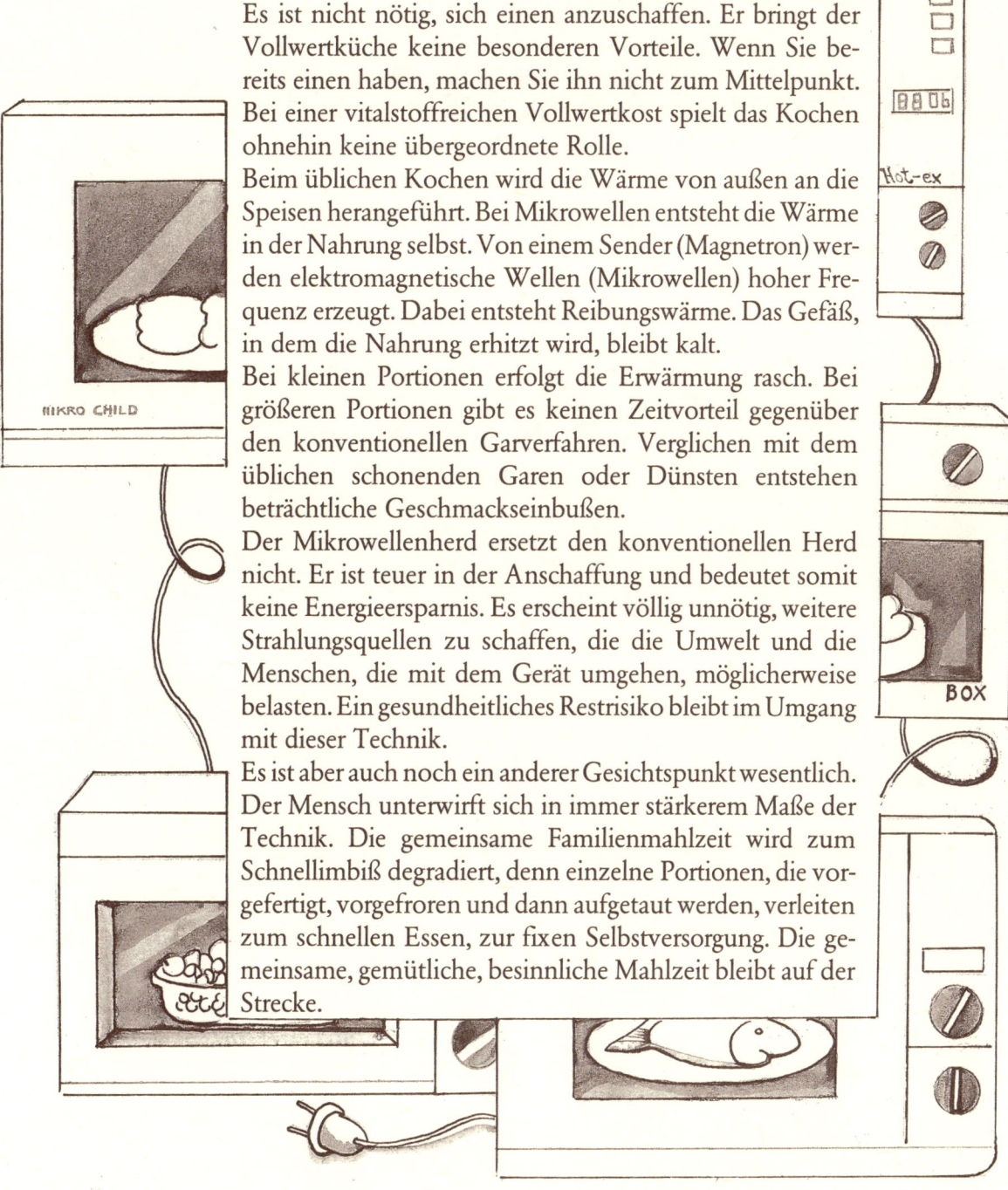

Braucht man einen Mikrowellenherd?

Es ist nicht nötig, sich einen anzuschaffen. Er bringt der Vollwertküche keine besonderen Vorteile. Wenn Sie bereits einen haben, machen Sie ihn nicht zum Mittelpunkt. Bei einer vitalstoffreichen Vollwertkost spielt das Kochen ohnehin keine übergeordnete Rolle.

Beim üblichen Kochen wird die Wärme von außen an die Speisen herangeführt. Bei Mikrowellen entsteht die Wärme in der Nahrung selbst. Von einem Sender (Magnetron) werden elektromagnetische Wellen (Mikrowellen) hoher Frequenz erzeugt. Dabei entsteht Reibungswärme. Das Gefäß, in dem die Nahrung erhitzt wird, bleibt kalt.

Bei kleinen Portionen erfolgt die Erwärmung rasch. Bei größeren Portionen gibt es keinen Zeitvorteil gegenüber den konventionellen Garverfahren. Verglichen mit dem üblichen schonenden Garen oder Dünsten entstehen beträchtliche Geschmackseinbußen.

Der Mikrowellenherd ersetzt den konventionellen Herd nicht. Er ist teuer in der Anschaffung und bedeutet somit keine Energieersparnis. Es erscheint völlig unnötig, weitere Strahlungsquellen zu schaffen, die die Umwelt und die Menschen, die mit dem Gerät umgehen, möglicherweise belasten. Ein gesundheitliches Restrisiko bleibt im Umgang mit dieser Technik.

Es ist aber auch noch ein anderer Gesichtspunkt wesentlich. Der Mensch unterwirft sich in immer stärkerem Maße der Technik. Die gemeinsame Familienmahlzeit wird zum Schnellimbiß degradiert, denn einzelne Portionen, die vorgefertigt, vorgefroren und dann aufgetaut werden, verleiten zum schnellen Essen, zur fixen Selbstversorgung. Die gemeinsame, gemütliche, besinnliche Mahlzeit bleibt auf der Strecke.

119 Grünkohl

500 g Grünkohl
3 EL Öl
2 Zwiebeln
Nelken
Salz
1/2 TL Senf
1 MS Zimt
50–75 g Haferfeinschrot

Nach dem Waschen und Abtropfen den Kohl grob schneiden. Fett in einen großen, gut verschließbaren Topf geben, geschnittenen Kohl dazutun, ebenso die mit einigen Nelken gespickten Zwiebeln. Auf Stufe 2 anheizen, dann auf Stufe 1/2 ungefähr 15–20 Minuten dünsten. Nach der Garzeit das Haferfeinschrot drüberstreuen, Senf, Zimt und Salz schnell unterrühren, unter Umständen noch kurz aufkochen lassen. Eventuell mit etwas süßer Würze und Butter abschmecken.

120 Gebackene Paprikaschoten

Pro Person 1–2 rote und grüne Paprikaschoten.

Füllung:
3 große Zwiebeln
1–2 EL Butter
1 Sellerieknolle
4 Tomaten
1 Tasse saure Sahne

Zwiebeln würfeln, in Butter glasig dünsten. Sellerieknolle grob raffeln, dazugeben. Tomaten würfeln, dazugeben, mit Sahne auffüllen. 10 Minuten schmoren lassen.
Mit Petersilie, Basilikum, Paprika, Bohnenkraut, Pfeffer und Kräutersalz abschmecken.
Paprikaschoten füllen. Deckel aufsetzen. In gebutterte Auflaufform setzen, 1 Tasse Wasser zugeben. 30 Minuten bei ca. 180 Grad backen. Dazu passen Reis, Hirse, Kartoffeln.

Tip Paprikaschoten können mit allen Bratlingsmassen und Getreidegerichten gefüllt werden! Pikant abschmecken!

Gefüllte Paprikaschoten 121

Schoten waschen, vom Stielansatz kreisförmig aufschneiden, die »Innereien« weitestgehend herausholen.
Für die Füllung haben Sie Auswahl: Teig der Getreide-Bratlinge, Rezept Nr. 89 oder Rezept Nr. 90.
Besondere Empfehlung: Teig der Grünkernklößchen, Rezept Nr. 99.
Aus diesen Zutaten – die Gemüsesorten kleinschneiden – einen fast festen Teig herstellen. Nach dem Quellen des Weizens (ungefähr 10–15 Minuten) unter Umständen mit etwas Wasser verdünnen.
Die ausgehöhlten Schoten randvoll drücken mit einer von Ihnen gewählten Füllung. Reichlich Öl in eine große Pfanne geben, die Schoten hineinlegen, mit einem Deckel verschließen. Auf Stufe 2 anheizen, dann mit Minimalhitze ca. 10–12 Minuten gar dünsten. Den Sud mit Wasser verlängern, saure Sahne und die Gewürze des jeweiligen Füllungsteiges zugeben.

1 mittelgroße Schote pro Person
Spinat, Lauch
Sellerie oder Möhren,
Zwiebeln
1 Knoblauchzehe
3–4 EL Weizenfeinschrot
1 Ei
Kräutersalz, Curry,
Paprika
1 Prise Koriander

Gefüllte Tomaten 122

Zwiebel und Knoblauch fein würfeln, in wenig Öl hellgelb dünsten. Geschnittene Champignons zugeben, mit 1/8 l Sahne auffüllen und 10 Minuten kochen lassen.
Von Tomaten Deckel abschneiden. Tomaten aushöhlen. Das Fleisch der Tomaten zu den Champignons geben, aufkochen lassen, mit 1 EL Vollkornmehl binden.
Mit Salz, Pfeffer, Parmesan abschmecken. Abgekühlte Masse in die Tomaten füllen. Mit Petersilie garnieren.

8 große Tomaten
250 g Champignons
1/8 l Sahne
1 kleine Zwiebel
1 Knoblauchzehe
Kräutersalz, Pfeffer,
Parmesan, Petersilie
1 EL Weizenvollkornmehl

123 Paprikagemüse

3–4 Schoten, etwa 500–600 g
1 Gemüsezwiebel
1 Knoblauchzehe
1 große Lauchstange
250 g Tomaten
5 EL Öl
1 Becher saure Sahne
Kräutersalz, Paprikapulver,
Cayenne, 1 Prise Curry
Kräuter: 3 EL Petersilie,
Schnittlauch, Liebstöckel,
Basilikum, wenig Salbei,
Thymian (gemischt)

In eine gut schließende Bratpfanne das Öl geben, grob geschnittene Schoten (alles in die kalte Pfanne), fein geschnittene Lauchstange und Zwiebel sowie Knoblauchzehe aufhäufen, Tomaten in Scheiben obenauf legen.
Pfanne auf Stufe 2 anheizen; zeigt sich eine starke Dampffahne, auf Stufe 1/2 zurückschalten und, wenn vorgesehen, Verschluß am Deckel auf »zu«. Garzeit ca. 10 Minuten.
Danach saure Sahne mit Gewürzen verrühren, vorsichtig unter das Gemüse mengen, evtl. etwas Butter zugeben. Mit den gehackten Kräutern bestreut servieren.

Tip: Das Gemüse sieht appetitlicher aus, wenn man verschiedenfarbige Schoten wählt!

124 Überbackene Möhren

500 g Möhren
1/4 l Wasser
1 Gemüsezwiebel
1 Knoblauchzehe
Salz, Pfeffer, Muskatnuß,
Muskatblüte
Kräuter: Liebstöckel, Petersilie, Sellerieblatt
50 g geriebener Hartkäse
Butterflocken

Möhren putzen, möglichst nicht schälen, wenn sie keine schlechten Stellen haben, in 1 1/2 bis 2 cm dicke Scheiben schneiden, Zwiebel in grobe Würfel, diese Teile in dem Wasser bei Mittelhitze ca. 10–12 Minuten schonend bißfest garen. Gemüse ohne Flüssigkeit in eine ausgefettete Auflaufform geben, Gewürze drüberstreuen, mit einer Gabel vorsichtig untermengen. Dann kann der geriebene Käse daraufgestreut werden, die Butterflöckchen werden daraufgegeben. Backen bei 220 Grad ca. 10 Minuten. Die gehackten Kräuter beim Servieren drüberstreuen.
Beilage: Pellkartoffeln oder irgendeine Kartoffelzubereitung oder ein warmes einfaches Getreidegericht.

Blumenkohl auf Hirse   125

Hirse im Wasser einige Stunden (mindestens 2!) einweichen, im Einweichwasser aufkochen, mit der Restwärme
der Kochplatte ausquellen lassen, dabei nicht umrühren,
sonst klebt die Hirse.
1 Blumenkohl im Ganzen in wenig Wasser ca. 12–15 Minuten weich kochen lassen. Zwiebel in dünne Scheiben
schneiden, in Butter oder Öl knusprig rösten, zum Erkalten
aus dem Fett nehmen. Wenn Sie ganz großzügig sein wollen, dünsten Sie anschließend eine Handvoll blättrig
geschnittene Pilze. Fertige Pilze und Zwiebelringe zusammen mit 1 EL Butter, den Gewürzen und den fein gehackten Kräutern (Schnittlauch, Zitronenmelisse, Petersilie) an
die Hirse geben. Schnell und kräftig umrühren, nicht oft
umrühren!
Diese pikante Hirse in eine Auflaufform geben, in die ver-
tiefte Mitte den ganzen Blumenkohl legen, mit 2 EL Hartkäse bestreuen, Butterflöckchen obenauf setzen – dann diese Köstlichkeit im Ofen etwa 10–15 Minuten bei 200 Grad
überbacken.

150 g Hirse
1/3 l Wasser
1 Blumenkohl
1 große Zwiebel
Öl/Butter
1 TL Salz
Delikata, Muskatblüte
2 EL Kräuter
2 EL Hartkäse, gerieben

Überbackener Blumenkohl mit Currysoße   126

Blumenkohl in wenig Salzwasser 10–15 Minuten garen. Aus
geschmolzener Butter, Sahne, Parmesan, Eigelb und den
Gewürzen auf lauwarmer Herdplatte eine cremige Soße
schlagen.
Blumenkohl in gefettete Auflaufform legen, mit Soße übergießen und 15 Minuten im vorgeheizten Ofen bei 200 Grad
überbacken.

1 Blumenkohl

Soße:
100 g Butter, 1/8 l Sahne
3 EL Parmesan
1 Eigelb
Kräutersalz, Pfeffer, Curry
Zitronensaft

127   *Porree-Auflauf*

1 kg Porree
1 große Zwiebel
1 EL Butter
3/8 l süße Sahne/Wasser
(halb und halb)
3 Eier
150 g Parmesan oder
Emmentaler, Gouda u.a.
Kräutersalz, weißer Pfeffer,
Muskat

Porree putzen und waschen. Am besten längs aufschneiden und unter fließendem Wasser spülen. Abtropfen lassen. In 2–3 cm lange Stücke schneiden. In wenig Salzwasser 5 Minuten dünsten.

Zwiebel fein würfeln, in Butter glasig dünsten. Porree und Zwiebel vermischen und in gefettete Auflaufform füllen. Eier mit Flüssigkeit verquirlen, geriebenen Käse und Gewürze dazugeben, über den Auflauf gießen. 20 Minuten bei ca. 180 Grad backen.

Dazu passen z.B. Kartoffelkroketten oder Grünkernfrikadellen (Rezept Nr. 100).

128   *Spinatkuchen*

1 kg Spinat
2 Zwiebeln
1 EL Butter
1 Knoblauchzehe
Kräutersalz, Pfeffer, Muskat
Sahne

Kuchenteig:
250 g Weizenvollkornmehl
80 g Butter
1/2 TL Vollmeersalz
1/8 l Wasser

Den Spinat tropfnaß und unzerkleinert 5 Minuten dünsten. Zwiebeln fein würfeln und in Butter hellgelb rösten. Knoblauchzehe pressen und dazugeben. Alles mit Spinat mischen und mit anderen Zutaten abschmecken. Auf vorbereiteten Kuchenteig legen und bei 170 Grad etwa 30 Minuten backen.

Kuchenteig: kann süß oder pikant gemacht werden. Alle Zutaten werden verknetet. 1 Stunde ruhen lassen.

Wenn das Vollmeersalz durch 1 EL Honig ersetzt wird, eignet sich dieser Teig auch als Obstboden.

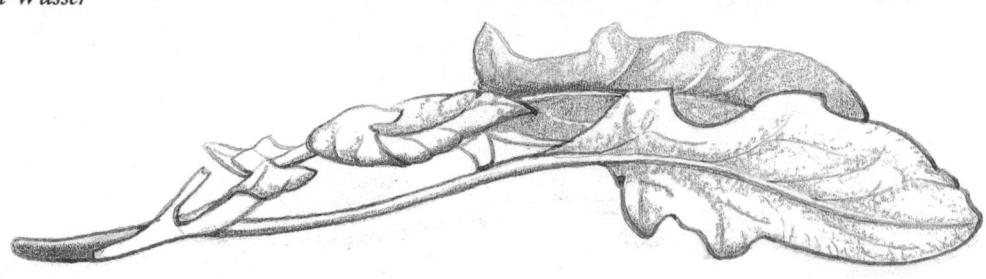

Kohlrouladen 129

Kohl abspülen. Die äußeren Blätter lösen und 10 Minuten in kochendes Salzwasser legen. Abtropfen lassen.
Gedünsteten, abgetropften Spinat mit zerkleinerten Pfifferlingen, Eigelb, Käse, Parmesan und Vollkornmehl zu festem Teig verkneten. Mit Pfeffer und Salz abschmecken. Kohlblätter mit Teigmasse füllen. Mit weißem Zwirn oder Rouladenklammern zusammenhalten.
Rouladen in gefettete Auflaufform legen, mit Gemüsebrühe übergießen. Butterflocken aufsetzen und 30 Minuten bei 180 Grad garen.

1 Wirsingkohl
300 g Spinat
100 g Pfifferlinge
100 g Parmesan
2 Eigelb
2 EL Vollkornmehl
1/4 l Gemüsebrühe
80 g Butter
Pfeffer, Kräutersalz

Kohlrabi-Auflauf 130

Kohlrabi putzen, grobe Teile entfernen, grob würfeln. In Salzwasser 5 Minuten garen. Abtropfen lassen, in gefettete Auflaufform füllen.
Eier mit Sahne, Pfeffer, Salz und gehackter Petersilie verquirlen; über die Kohlrabi gießen. Mit geriebenem Käse bestreuen. 20 Minuten bei 180 Grad backen.

1 kg Kohlrabi
200 g Gouda, 3 Eier
1 Becher süße Sahne
1 Bund Petersilie
schwarzer Pfeffer
Kräutersalz
zarte Kohlrabiblätter

Backkartoffeln 131

Kartoffeln gründlich waschen, der Länge nach halbieren. Backblech fetten, mit Kräutersalz und Kümmel bestreuen. Kartoffeln mit Schnittfläche aufs Blech setzen. Die Schale mehrmals leicht mit dem Messer einritzen, mit Öl bepinseln. Ca. 15–20 Minuten bei 200 Grad backen.

132   *Italienische Bohnen*

500 g weiße Bohnen
3 Zwiebeln
2 Lorbeerblätter
Gemüsebrühe
1 Knoblauchzehe
3 Tomaten
1 kleine Tube Tomatenmark
1 EL Butter
Kräutersalz, schwarzer Pfeffer, Majoran, Bohnenkraut, Thymian
1 Spritzer Tabasco

Bohnen über Nacht einweichen. Mit Lorbeerblättern und einer Zwiebel in Gemüsebrühe weich kochen. Zwei Zwiebeln würfeln, in Butter glasig dünsten. Tomaten, gepreßte Knoblauchzehe, Tomatenmark und andere Gewürze dazugeben. Alles vorsichtig mit den Bohnen mischen. Pikant abschmecken. Eventuell mit saurer Sahne abrunden. Mit Petersilie bestreuen. Dazu schmecken Backkartoffeln vom Blech.

Variation: Bohnengericht in Auflaufform füllen, mit Käse überbacken.

Ist Tiefkühlkost empfehlenswert?

Tiefkühlkost ist auf jeden Fall der gekochten Nahrung und Konservenkost vorzuziehen. Wenn sie ohne Blanchieren sachgemäß eingefroren und gelagert wird, rangiert sie – nach der Kollath-Tabelle – noch auf der Seite der Lebensmittel. Durch lange Lagerung tritt jedoch ein Verlust an Vitalstoffen auf.

Das Blanchieren von Tiefkühlkost ist in keinem Fall zu empfehlen. Durch Erhitzen entsteht eine Wertminderung, außerdem werden biologische Wirkstoffe ausgeschwemmt und mit dem Blanchierwasser weggeschüttet.

Maiskolben 133

In der Milchreife stehende zarte Maiskolben von Blättern und Haaren befreien. In Butter gar braten und mit wenig Kräutersalz bestreuen.
Kulturen aus naturnahem Anbau unbedingt bevorzugen.

*Zarte Maiskolben
etwas Butter und
Kräutersalz*

Spargel wie zu Hause 134

Spargel schälen (vom Kopf zum Fuß). Holzige Teile entfernen. In Salzwasser 20 Minuten garen.
Eigelb mit Salz und Zitronensaft auf handwarmer Platte *schnell* verrühren (eventuell im Wasserbad). Butter unter *schnellem* Rühren portionsweise zugeben. Die Butter muß dieselbe Temperatur haben, damit die Soße glatt wird und nicht gerinnt. Mit üblichen Gewürzen abschmecken. Unter Rühren erhitzen. Soße über den Spargel gießen. Mit gehackter Petersilie bestreuen und mit neuen Kartoffeln reichen.

*2 kg Spargel
1/2 l Wasser
2 Eigelb
250 g Butter
Vollmeersalz, Pfeffer,
Zitronensaft, Petersilie*

Maronen in Kräuterbutter 135

Kastanien kreuzweise einschneiden. Auf ein Backblech geben und ca. 10–15 Min. bei 200 Grad backen. So heiß wie möglich schälen und mit Kräuterbutter servieren. Schmeckt sehr gut und ist eine komplette Mahlzeit zum Sattessen!

*2 kg Eßkastanien
Kräuterbutter*

136   Gurkengemüse

2–3 Zwiebeln
1–2 EL Butter
1 kg Schmorgurken
3 Fleischtomaten
Kräutersalz, Muskat,
weißer Pfeffer, Paprika edelsüß
1 Tasse saure Sahne
1 Bund Dill

Zwiebeln würfeln und in Butter glasig dünsten. Schmorgurken und Tomaten würfeln und dazugeben, 15 Minuten schmoren lassen. Mit Sahne auffüllen, mit Gewürzen pikant abschmecken. Dill fein schneiden und zum Schluß darüberstreuen.

137   Fenchel gratiniert

8 Fenchelknollen
3/4 l Gemüsebrühe
2 große Zwiebeln
geriebener Käse
Butter
1 Tasse saure Sahne
Petersilie

Fenchel putzen und in Gemüsebrühe bißfest garen. Zwiebeln würfeln, in Butter goldgelb dünsten, mit Gemüsebrühe auffüllen, saure Sahne dazugeben. Soße über Fenchelknollen gießen. Mit etwas Käse bestreuen. 20 Minuten bei 200 Grad backen. Mit zerlassener Butter und frisch gehackter Petersilie und Fenchelgrün servieren.

138   Gebratene Kürbisschnitzel

1 kg Kürbis
2 Eier
Weizenvollkornmehl
Semmelbrösel
Vollmeersalz, Pfeffer
Öl zum Braten

Kürbis schälen, in 1 cm dicke Scheiben schneiden, entkernen. Salzen, pfeffern. Zuerst in Vollkornmehl wenden, dann in verquirltem Ei, danach in Semmelbröseln. In wenig Fett hellbraun backen.
Anstelle von Kürbis kann auch Zucchini genommen werden. Die zarten Sorten werden jedoch nicht geschält.

Linsenbratlinge 139

Linsen werden über Nacht in wenig Wasser eingeweicht. Evtl. überschüssiges Wasser am nächsten Tag weggießen. Die Linsen zusammen mit Zwiebeln und Möhre durch den Fleischwolf drehen. Mit Gewürzen verkneten. Mit feuchten Händen flache Bratlinge formen, in Weizenvollkornmehl wenden. In Öl oder Butter braten.

2 Tassen Linsen
2 Zwiebeln
1 Möhre
Kräutersalz, Paprika,
Knoblauch
frisch gehackte Kräuter

Pilz-Käse-Soße 140

Champignons feinblättrig schneiden – vorher 3–4 Pilze zurückbehalten. Gemüsezwiebel fein würfeln, beide Zutaten mit dem Öl einige Minuten dünsten. Das Gemüse aus dem Fettbad herausnehmen, Zitronensaft, Gewürze, fein geschnittene Tomate, geriebenen Käse, Öl und Wasser zugeben, die rohen restlichen Pilze auch.
Diese Soße ist geeignet für Kartoffelspeisen, die viel pikanten Geschmack aufnehmen.

300 g Champignons
1 kl. Gemüsezwiebel
2–3 EL Öl
Saft von 1/2 Zitrone
1 Tomate
weißer Pfeffer, Salz,
1 EL gehackte Basilikum-
blätter
75 g geriebener Gouda,
mittelalt
2–3 EL Olivenöl
3–5 EL Wasser

Tip: Für üppige Tage oder Feste kann man die Soße mit Eigelb oder süßer Sahne abschmecken!

141 *Rahmsoße*

1/2 l Flüssigkeit – evtl.
1 Gemüsebrühwürfel
40 g Weizenfeinschrot
1 kl. Zwiebel
40 g Butter
1 Lorbeerblatt
1 TL Zitronensaft
Salz
etwas süße und saure Sahne

Universalsoße, passend für einfache Kartoffelgerichte, Gemüse, Aufläufe. Sie schmeckt kräftiger auf der Grundlage von Gemüsebrühe anstelle Wasser.
Sie darren den Weizen am besten einige Minuten im trockenen Topf, damit erreichen Sie würzigen Geschmack. Mit kalter Flüssigkeit auffüllen, Gemüsebrühwürfel zugeben, Lorbeerblatt mitziehen lassen. Einmal gut aufkochen lassen, neben die Kochplatte stellen, ausquellen lassen. Lorbeerblatt herausnehmen, mit den anderen Zutaten angenehm abschmecken. Sie können die Zwiebel feingehackt in rohem Zustand einrühren oder separat mit etwas Butter andünsten.

Varianten (vielleicht ohne Lorbeerblatt):
Kräutersoße: reichlich feingehackte Kräuter zufügen
Meerrettichsoße: 2–3 EL frisch geriebenen Meerrettich zufügen
Currysoße: 1–2 TL Curry-Pulver, etwas Delikata zugeben

Pikante Gemüsesoße

142

Gemüse **sehr fein** schneiden, in Öl aufheizen, dann mit Minimalhitze in fest geschlossenem Topf oder einer Pfanne gar dünsten (Deckel möglichst nicht öffnen). Anschließend mit den Gewürzen pikant abschmecken und die Sahne einrühren. Zum Servieren Schnittlauchröllchen drüberstreuen.

Diese Soße sieht nicht nur interessant aus, sie wird Ihnen geschmacklich auch gut gefallen zu allen Kartoffel-, Getreide- und Nudelspeisen. Durch Zutaten-Veränderung kann sie auch jedes Mal anders schmecken.

3 Paprikaschoten – wenn es geht: 1 rote, 1 grüne, 1 gelbe
3 rote Zwiebeln
1 kl. Porreestange
evtl. 1/2 Peperoni-Gewürzschote
2–3 Tomaten
3 EL Öl
1/2 Becher saure Sahne

Kräutersalz, Paprikapulver
1 Prise Pfeffer, Piment,
Muskatblüte, Salbei
Schnittlauchröllchen

143   *Aparter Kartoffelauflauf*

600–800 g Kartoffeln
150 g geriebener Käse (Hart-
käse, kann auch Mischung
sein)
Kräutersalz, Kümmel
3 EL gehackte Kräuter der
Jahreszeit

Eier-Milch:
2 Eier
100 g Milch
50 g Sahne
Salz, Muskatnuß, Muskat-
blüte, Spur Kümmel,
Delikata
1 EL Butter
Semmelbrösel

Kartoffeln dünn schälen; sind sie gerade in Ihrem oder
Nachbars Garten geerntet, würde ich nicht schälen, nur
gründlich bürsten und so die Kartoffeln in dünne Scheiben
raffeln. Schnell verarbeiten, damit die Kartoffeln nicht
braun werden.

Eine dünne Schicht in eine große, längliche, feuerfeste,
gefettete Form geben, etwas Salz, Kümmel und ca. die halbe
Menge Käse drüberstreuen. Nächste Lage Kartoffelscheiben soll Schichtung abschließen, sonst garen sie nicht ausreichend! Salz, Kümmel und Käse drüberstreuen. Eiermilch
drübergießen – seien Sie damit eher großzügig als knapp
(sonst trocknen die Kartoffelscheiben). Kräuter, Semmelbrösel und Butterflöckchen obenauf geben.

Bei 250 Grad etwa 40–45 Minuten backen, u.U. die letzten
10 Minuten Pergament auflegen, sonst gibt es eine zu trok-
kene Kruste.

Hinweis: Vitalstoffverlust durch Kochen der Kartoffel:

Vitamin C $= 32\%$
Vitamin B_1 $= 16\%$

Kartoffeln ungeschält
Vitamin C $= 14\%$
Vitamin B_1 $= 4\%$

Ein weiterer erheblicher Mineralstoff-Verlust tritt ein, wenn
Kartoffeln geschält mit viel Wasser als sog. Salzkartoffeln
zubereitet werden. Die wasserlöslichen Mineralien werden
zum größten Teil mit dem Kochwasser weggeschüttet.

Kartoffelsalat mit Wildkräutern 144

Die Aufzählung dient Ihrer Auswahl – 4–5 Sorten, u.U. einige Wildkräuterblätter dazu, genügen vollauf.
Kartoffeln mit der Schale kochen, pellen, noch heiß schneiden; Wasser oder Gemüsebrühe erhitzen, Würfel auflösen, Essig, süße Würze, Gewürze zugeben, Kartoffelscheiben ziehen lassen. Zwiebeln, Knoblauchzehe, Gurken und anderes »Gemüse« würfeln, mit Öl und den Gewürzen und Kräutern vermengen. Beide Partien zusammenfügen, noch etwas ziehen lassen in der Arbeitsschüssel, u.U. nochmals abschmecken. Eier geviertelt oder in Scheiben obenauf legen. Ein Rest, sofort kühl gestellt, schmeckt auch noch am nächsten Tag.

1 kg Kartoffeln, Salatware
1/4 l Wasser oder Gemüsebrühe (Gemüsebrühwürfel)
2 Zwiebeln
1 Knoblauchzehe
2–3 milchsaure Gurken oder
1 frische Gurke
2 Tomaten, Radieschen
3 EL Kräuteressig
2 TL süße Würze
6 EL Öl, 1 TL Senf
Kräutersalz, Kümmelpulver, Picata, Paprikapulver, Pfeffer
Spur Salbei
2 halbhart gekochte Eier
Petersilie, Schnittlauch, Dill, Kresse, Borretsch, wenig Majoran, wenig Basilikum, wenig Liebstöckel

Kartoffelsalat »Paradies« 145

Kartoffeln kochen, pellen, in Scheiben schneiden. Aus restlichen Zutaten eine pikante Soße rühren, über Kartoffeln gießen. Apfel und Gurke fein würfeln, unterheben. Kann mit süßer Sahne abgerundet werden.
Mit Tomaten, Radieschen und Gurkenscheiben garnieren.

1 kg Kartoffeln
4 EL Öl,
3 EL Quark oder saure Sahne
2 EL Obstessig, 1 EL Senf
1 Zwiebel, fein gewürfelt
1 Apfel
1 saure Gurke
Kräutersalz, Pfeffer, Paprika
Petersilie, Schnittlauch
Gemüsebrühe

159

146 *Edel-Pellkartoffeln*

kleine Kartoffeln
2–3 EL Öl
u.U. frische Kräuter

Für anspruchsvolles Speisen mit mehreren Gängen, wo Sie in den letzten 5 Minuten u.U. in Zeitnot geraten, der Tip: Pellkartoffeln, besonders kleine, eignen sich; früher als nötig weich kochen, heiß abziehen. Nun stehen sie bereit, daß Sie sie ruck-zuck tischfertig machen können. Sie erhitzen reichlich Öl in einer breiten Pfanne und geben die Kartoffeln zum leichten Rösten von beiden Seiten hinein. Das Fett muß gut heiß sein, nicht zu früh wenden, goldbraun sind sie fertig. Sie geben sie in die bereitgestellte Schüssel, streuen etwas Salz drüber, u.U. wenig gehackte Kräuter, und haben passend zum Auftragen der Speisen »edle Pellkartoffeln« in heißem Zustand bereit. (Haben Sie sich auch schon darüber geärgert, wenn die Kartoffeln ziemlich abgekühlt serviert wurden?!)
Mit Butter geröstet (Stufe 1 1/2 maximal), sind Duft und Geschmack noch gesteigert.

147 *Verlorene Eier auf Kartoffelpaste*

1 kg Kartoffel
1/2 Glas Wasser
und 1/2 Glas süße Sahne
Salz, Majoran
Dill, Delikata
Kresse
2 Zwiebeln
Butter
pro Person 1 Ei

Kartoffeln in der Schale garen, pellen, durch die Presse geben und stampfen. Flüssigkeit, Gewürze, Kräuter untermengen. Die Zwiebeln fein schneiden, rösten und ebenfalls hineingeben.
Dieses Püree in eine feuerfeste Form geben, pro Person eine Vertiefung machen und je etwas Butter, eine Prise Salz und ein Ei hineinschlagen.
Im Ofen stocken lassen, bei 200 Grad ungefähr 15–20 Minuten. Mit frischen Kräutern bestreut servieren.

Kartoffelrösti

Kartoffeln schälen und raffeln, auf ein Geschirrtuch geben, damit sie etwas abtrocknen. Die geraffelten Kartoffeln in reichlich erhitztes Fett geben, einige Minuten mit geschlossenem Deckel rösten lassen (Elektro-Herd Stufe 1 1/2), dann das kartoffelpufferartige Gebilde wenden und mit der Rückseite ebenso verfahren. Bratdauer ca. 2x 5 Minuten. Sollten Sie befürchten, beim Wenden Schwierigkeiten zu haben, teilen Sie den Teig von vornherein in zwei Hälften. Nach dem Braten müßten Sie goldbraunes, knuspriges Rösti haben.

Kümmel, Salz und gehackte Kräuter daraufstreuen, zu Frischkost oder einer Gemüsespeise reichen.

1 kg Kartoffeln
Öl
Salz, Kümmel
1 EL Kräuter

Schnelle Kartoffelspeise

Die Kartoffeln mit der Schale garen, abpellen, sofort im heißen Zustand durch eine Kartoffelquetsche drücken, und zwar in eine feuerfeste Form. Auf die halbe Menge flockige Quetschkartoffeln die Hälfte vom Hartkäse geraffelt streuen sowie gehackte Kräuter und etwas Kräutersalz. Anschließend die zweite Partie Kartoffeln quetschen, restlichen Käse, Kräuter, Gewürz und Butterflöckchen obenauf geben. Die Kartoffelspeise einige Minuten bei 200 Grad überbacken, denn sie ist bei der Zubereitung abgekühlt. Die leichte Bräunung sieht außerdem noch hübsch aus.

Dieses Kartoffelgericht schmeckt zu allen gedünsteten Gemüsen ausgezeichnet, es paßt auch zu jeder Gemüsefrischkost.

1 kg Kartoffeln,
(mehlige Sorte
besser geeignet)
150 g Hartkäse
50 g Butter
Kräutersalz
4 EL feingehackte Kräuter,
z.B. Dill, Sellerieblatt, Petersilie, Schnittlauch und/oder
Wildkräuter

150   *Kartoffelpüree mit Zwiebelringen*

1 kg Kartoffeln
2 große Zwiebeln
4 EL Öl
Kräutersalz, Muskatnuß
Muskatblüte
2 EL Butter
3–4 EL Sahne
1– 2 Äpfel

Kartoffeln in der Schale weich kochen. Zwiebeln in dünne Scheiben schneiden, knusprig rösten, aus dem Fett nehmen und erkalten lassen. Abgeschälte Kartoffeln durch eine Kartoffelquetsche geben, Gewürze, Butter und Sahne unterrühren. Auf das angerichtete Püree geben Sie die gerösteten Zwiebeln.
Wollen Sie alles noch schmackhafter gestalten, können Sie bei milder Hitze Apfelscheiben in etwas Butter backen und diese ebenfalls auf das Püree legen.

151   *Grünes Kartoffelpüree*

Wie Rezept 150,
statt Zwiebeln und Äpfeln
2–3 EL Kräuter

Zutaten wie zu Rezept Nr. 150, nur geben Sie anstelle von Zwiebeln und Äpfeln 2–3 EL feingehackte Kräuter in das Püree, zum Beispiel Petersilie, Schnittlauch, Dill, Majoran, Thymian, Basilikum, Liebstöckel, auch Löwenzahn und Sauerampfer (blattweise).

152   *Gemüse-Kartoffelpüree*

Wie Rezept 150,
statt Äpfeln
verschiedene Gemüse
(Sellerie, Möhren)

Zutaten wie zu Rezept 150, außer Apfelscheiben. Dann nehmen Sie gekochte Sellerieknolle oder Möhren, pürieren sie leicht und mischen sie unter das Kartoffelpüree. Das Verhältnis sollte etwa bei zwei Drittel Kartoffeln zu einem Drittel Gemüse liegen. Sie können selbstverständlich auch ganz andere Gemüsesorten wählen.

Überbackene Rahmkartoffeln 153

Kartoffeln sauberbürsten, nicht schälen, hauchdünn schneiden. Eine flache, feuerfeste Form mit Butter bestreichen, mit Kartoffelscheiben gleichmäßig auslegen. Zwiebelwürfel darüberstreuen, Brühe mit etwas Vollmeersalz und Muskat pikant abschmecken und über die Kartoffeln gießen. Die Zwiebelwürfel können Sie vorher in etwas Butter kurz anbraten.
Dann gibt man die Sahne darüber und bestreut alles mit geriebenem Käse. Bei 200 Grad ca. 35–40 Minuten im Backofen garen.

20 g Butter
500 g Kartoffeln
4 EL feine Zwiebelwürfel
4 EL Gemüsebrühe
Vollmeer- oder Kräutersalz
Muskatnuß
1/8 l Sahne
50 g geriebener Schnittkäse

Mandelkartoffeln 154

Kartoffeln kochen und pellen. Butter zerlassen, Mandeln darin leicht bräunen, Honig zugeben. Die ganzen Kartoffeln darin schwenken. Leicht mit Kräutersalz bestreuen. Schmeckt hervorragend zu allen Gemüsegerichten, aber auch einfach so!

1 kg Kartoffeln
100 g geraffelte Mandeln
100 g Butter
Kräutersalz
1 gestrichener TL Honig

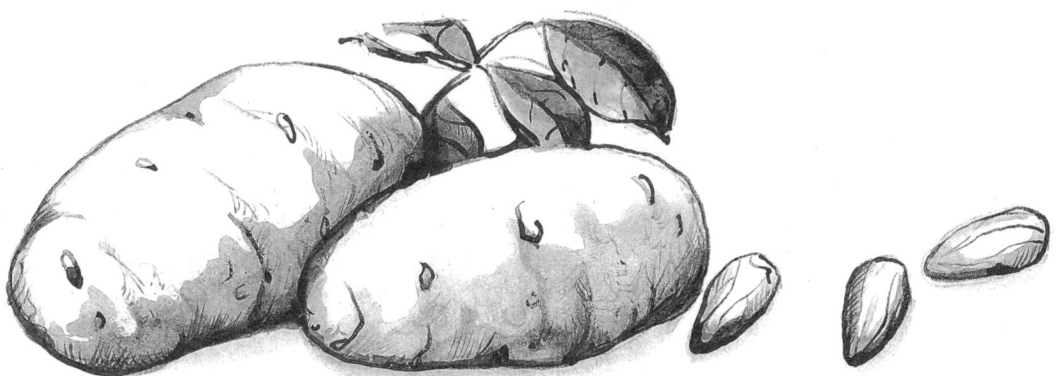

155   *Westfälischer Pickert*

1 kg Kartoffeln
3 Eier
3–4 EL Vollkornmehl
1 Würfel Hefe
1/2 TL Salz
100 g Rosinen
Öl zum Backen

Kartoffeln sauberbürsten und mit Schale fein reiben. Hefe zerbröseln und mit Kartoffelmasse verrühren. Eier verquirlen, Vollkornmehl und Rosinen zu den Kartoffeln geben. Mit Salz abschmecken. Kleine flache Pickert – ähnlich wie Kartoffelpuffer – backen.

Dazu genießen die »echten Pickert-Fans« Sirup und eine Tasse Kaffee! Mit Honig, frischem Obst oder »ganz ohne was« schmecken sie auch sehr gut.

156   *Schnippelkartoffeln*

1 kg Kartoffeln
1/2 l Gemüsebrühe
3–4 EL Obstessig
1 TL Honig
3 Zwiebeln
1 EL Butter
2 EL Öl
Kräutersalz, Pfeffer
Schnittlauch

Kartoffeln mit Schale kochen, pellen, in Scheiben schneiden. Zwei Zwiebeln würfeln, in Butter glasig dünsten. Mit Kartoffeln vorsichtig vermischen. Heiße Gemüsebrühe und Öl dazugeben. Mit Obstessig und Honig pikant abschmecken, würzen. Die dritte Zwiebel in Ringe schneiden, leicht in Butter anbräunen und über die Kartoffeln geben. Mit Schnittlauch bestreuen.

Dazu – nach Belieben – hartgekochte, halbierte Eier.

Sesamkartoffeln 157

Kartoffeln kochen, pellen. Sesam in trockener Pfanne leicht rösten, Butter zugeben. Zerlassene Sesambutter über Kartoffeln gießen. Mit wenig Kräutersalz bestreuen.
Alternative: Statt Sesam können ebenso gehackte Mandeln und Haselnüsse verwendet werden.

1 kg Kartoffeln
1/2 Tasse Sesam
125 g Butter
Kräutersalz

Rosmarinkartoffeln 158

Kartoffeln sauberbürsten, ungeschält in dünne Scheiben schneiden. Schuppenförmig in Reihen auf ein gefettetes Backblech legen. Mit Öl einpinseln. Mit Kräutersalz und wenig Rosmarin bestreuen. 10 Minuten bei 200 Grad backen. Mit Käse bestreuen und weitere 10 Minuten hellbraun backen.

1 kg Kartoffeln
150 g Gouda oder Parmesan
Kräutersalz
Rosmarin
Öl

Pikanter Kartoffeltopf 159

Kartoffeln gründlich mit Wurzelbürste reinigen, grob würfeln oder – je nach Größe – vierteln. Paprika putzen, in grobe Streifen schneiden. Zwiebeln würfeln, in Butter hellgelb dünsten. Kartoffeln und Paprika dazugeben. Mit Gemüsebrühe auffüllen. 20 Minuten kochen lassen. Mit Gewürzen pikant abschmecken. Saure Sahne mit Schneebesen einrühren. Mit gehacktem Dill bestreuen.

500–600 g Kartoffeln
4 Paprikaschoten –
rot, grün, gelb
2 große Zwiebeln
2 EL Butter
1 l Gemüsebrühe
Kräutersalz, Pfeffer,
Paprika (scharf)
1 Bund Dill
1 Becher saure Sahne

160   *Ungarischer Kartoffelauflauf*

1 kg Kartoffeln
250 g Tomaten
3 Paprikaschoten rot oder grün
200 g Gouda
1/4 l Sahne
2 EL Butter
Pfeffer, Kräutersalz
Paprika, edelsüß

Kartoffeln mit der Schale sauberbürsten und in dünne Scheiben schneiden. Tomaten in Scheiben, Paprika in Streifen schneiden. Käse würfeln.
Auflaufform fetten. Kartoffelscheiben salzen und pfeffern, die Hälfte in die Form füllen, dann eine Schicht Tomaten, Paprika und Käse. Mit Kartoffeln abschließen. Sahne mit Kräutersalz, Pfeffer und Paprika würzen und über den Auflauf gießen. Butterflöckchen aufsetzen und mit geriebenem Käse bestreuen. 50–60 Minuten bei 180–200 Grad backen.

161   *Sauerkraut-Kartoffelauflauf*

1 kg Kartoffeln
6 Tomaten
2 große Zwiebeln
2 EL Butter
200 g Sauerkraut

Soße:
1/4 l süße Sahne
1/2 TL Kräutersalz
1/2 TL Paprika
Pfeffer, Basilikum,
Petersilie

Kartoffeln gründlich waschen und mit Schale in dünne Scheiben schneiden. Tomaten in Scheiben schneiden. Zwiebeln würfeln und in Butter goldgelb dünsten. Alle Zutaten mit dem Sauerkraut abwechselnd in gebutterte flache Auflaufform schichten. Mit Kartoffeln abschließen. Mit der fertigen Soße übergießen. Zum Schluß Butterflöckchen aufsetzen und bei 180–200 Grad etwa 30 Minuten backen.

Laue Sommertage neigen
sich hin zu Dir und auch zu mir.
Die Seele tanzt beschwingte Reigen
und freut sich an der Gärten Zier.

Blauer Himmel, bunte Wiesen,
so hat der Schöpfer es gedacht,
als er ganz frei von allen Krisen
auch die Spezies Mensch gemacht.

Die Schöpfung sollte er behüten –
der Mensch – samt Bäumen, Sommerblüten,
sich am Werden, Wachsen freuen,
mit Liebe alles gut betreuen.

Aus dem Betreuen wurde Schaffen
von morgens früh bis abends spät.
Bei vielen folgt danach das Raffen
von dem, was sie scheinbar gesät.
Für Sinn und Ziel bleibt kaum noch Zeit.
So geht es bis zur Ewigkeit.

Die meisten Menschen werden krank
an Leib und Seele. – Gott sei Dank
gibt es noch ein paar Wesenheiten,
die lassen sich vom Guten leiten.
Sie freuen sich an der Natur

und lassen ihre Seele baumeln,
genießen Sonne, Himmel – pur,
fangen vor Glück fast an zu taumeln.

Wenn nun ein Seelenpartner kommt,
der aus dem gleichen Stoff geschnitzt,
dann es den beiden richtig frommt,
am liebsten man zu zweit losflitzt.
Zu zweit ist jede Blume bunter –
das weiß ich wohl, ich spür's genau.
Die Luft ist leicht, das Herz so munter,
der Himmel mehr als himmelblau.

Es bleibt ein Traum, von dem ich träume,
den ich auch nicht zerstören will.
Die Seele hört im Sehen Räume
und blickt nach innen – wird ganz still.

Ein Freund ist mir in Sommertagen
zugeflogen, ohne Hast.
Auf Schwingen hilft er manches tragen.
Schweres wird leicht, ist keine Last.

Die Erdenschwere hat mich wieder.
Mein Platz ist hier. Ich füll ihn aus.
Ganz leise klingen zarte Lieder
durch mein Geist-Seele-Körper-Haus.

167

Womit soll man süßen?

Gegenfrage: Was wollen Sie süßen?

Im Rahmen einer vitalstoffreichen Vollwertkost muß man nämlich nicht viele Gerichte süßen. Süßigkeiten im engeren Sinne fallen sowieso weg. Vollkornkuchen und Vollkorngebäck werden mit Honig gesüßt.

Zum Süßen bleiben eigentlich nur noch Getränke wie Kaffee und Tee. Es empfiehlt sich das einfache Experiment, vier Wochen lang auf das Süßen von Getränken zu verzichten, um von der süßen Geschmacksrichtung wegzukommen. Wenn dann nach Ablauf dieser Frist der Tee und Kaffee wieder gesüßt werden, fällt die Entscheidung meist zugunsten des ungesüßten Getränks aus.

Es ist nicht möglich, alle Speisen, die bisher mit Fabrikzucker gesüßt wurden, mit Honig zu süßen. Zum einen ist die Geschmacksrichtung innerhalb einer vitalstoffreichen Vollwertkost eine andere. Man lernt wieder, wie eine natürliche süße Frucht schmeckt, welches Eigenaroma ungesüßte Frischkost hat. Zum anderen ist gar nicht so viel Honig wie Fabrikzucker vorhanden. Die Umstellung der gesamten Bevölkerung auf Honig würde damit zwangsläufig den Überkonsum an Süßem beseitigen.

Honig ist eine Besonderheit und sollte als solche auch wieder geschätzt und gebraucht werden. Er enthält zahlreiche Vitalstoffe, die teilweise beim Erhitzen zerstört werden. Deshalb ist der Genuß von unerhitztem Honig zu empfehlen.

Die Behauptung, daß Honig beim Backen schädliche Substanzen entwickelt, kann nicht belegt werden. Er wird – wie jede andere Speise – durch Erhitzen im Wert gemindert, enthält aber – im Gegensatz zum Fabrikzucker – noch wertvolle Stoffe, wie zum Beispiel Mineralstoffe, Spurenelemente und Aromastoffe.

Vanillespeise 162

Hirsemehl in kaltes Wasser einstreuen, unter Rühren aufkochen, ausquellen und erkalten lassen. Honig, Gewürze und Eigelb (Ei trennen) einrühren. Eiweiß steif schlagen. Eischaum und geschlagene Sahne unterheben. Anstelle von Vanillerum können Sie etwas Zitronen- oder Orangensaft nehmen.
Wenn Sie diese Creme in Portionsschälchen füllen, sollten Sie sie etwas garnieren: mit Früchten (zum Beispiel Erdbeeren oder Himbeeren). Sie können aber auch pürierte Früchte hinzufügen – etwa Ananas o.ä. –, die zum Schluß vorsichtig untergehoben werden. Bei dieser Speise wird kein Vergleich mit dem »Vanillepudding« (aus der Tüte) gezogen.

1/4 l Wasser
60 g Hirsemehl, fein
1 Ei
1–2 EL Honig
1/4 TL Vanillegewürz
evtl. 1 EL Vanillerum
1 Becher Sahne

Schokocreme 163

Das ist ein Versuch, diese Speise ohne Kochen herzustellen. Die beiden Eiweiß steif schlagen, ein Schnitt mit dem Messer sollte sichtbar bleiben. In den Eischnee den schon zuvor weichgerührten Honig einrühren. Ebenso die Gewürze und den Kakao einrühren. Zum Schluß fügen Sie die geschlagene Sahne hinzu.

2 Eiweiß
2 EL heller Honig
1 MS Delifrut
2 MS Vanillepulver
1 EL dunkles Kakaopulver
200 g Sahne

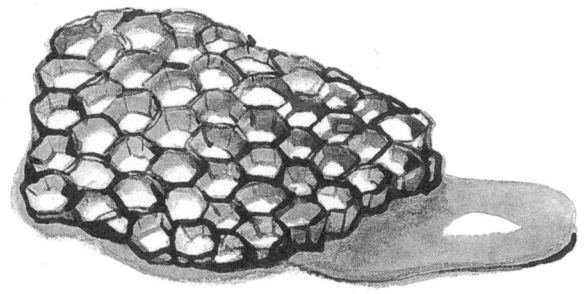

164   Schokoladencreme mit Mandeln

5–6 gehäufte EL Weizen-
vollkornmehl
1/2 l Wasser
1 EL Kakao
1/4 l Sahne
3–4 EL Honig
50 g gehackte Mandeln

Vollkornmehl mit Schneebesen in kaltes Wasser einrühren und unter Rühren zum Kochen bringen. Ausquellen lassen, Kakao einrühren, dann abkühlen. Die Masse muß fest sein. Unter die abgekühlte Puddingmasse geschlagene Sahne und Honig nach Geschmack rühren. Mit gehackten Mandeln bestreuen.

165   Obstsalat exzellent

Obst der Jahreszeit
geschnittene Nüsse

Soße:
süße Sahne
Honig
Vanillegewürz oder Vanillerum
Ingwer

Obst der Jahreszeit, am besten Sommerfrüchte, in bunter Folge lose in Portionsgläser einschichten, d.h. nicht erst in einer Arbeitsschüssel viel umrühren und dabei automatisch die Früchte oder Fruchtteile verletzen. Jeweils zwischen die Obstlagen **geschnittene Nüsse** streuen, mit Obst abschließen. Kleine Teile ganz lassen, große Teile angemessen zerkleinern.

Jetzt **die Soße:** Sie wird lediglich daraufgegossen. Sie kann bestehen aus süßer Sahne oder zur Hälfte saurer Sahne; mit cremig gerührtem Honig gut süßen; mit Vanillegewürz (Vanillerum), Spur Ingwerpulver (oder besser etwas Abgeriebenes von der Ingwerwurzel) interessant würzen. Von einer gut zu pürierenden Obstart wie Erdbeeren, Himbeeren, Brombeeren o.ä. geben wir etwas in die Soße, das bringt feinen Geschmack und apartes Aussehen.

Eher zuwenig als zuviel über die Obstschichten geben, besser ein Kännchen zum Nachfüllen hinzustellen.

Ein attraktives Obstteil, z.B. Kirsche mit Stiel, legen wir obenauf.

Der Arbeitsaufwand ist viel geringer, als Sie zunächst vermuten. Das Ergebnis wird Sie und Ihre Tischgäste erfreuen!

Beerensalat 166

Alle Zutaten vorsichtig mischen. Nach Geschmack mit einem dicken Klecks steif geschlagener Sahne verzieren. Zum Schluß mit flüssigem Honig beträufeln.

100 g Brombeeren
100 g rote Johannisbeeren
100 g grüne Trauben
2 EL Honig
Saft von 1 Zitrone
1 Prise Zimt
1 Prise Ingwer

Gefüllte Äpfel, gebacken 167

Pro Person 1 kleinen oder 1/2 Apfel rechnen; Winteräpfel eignen sich besser, Boskop, Ontario z.B.; mit einem Apfelausstecher das Kernhaus ausstechen, um Raum für eine Füllung zu haben.

Es eignen sich fein oder grob gemahlene Nüsse oder Mandeln, gemischt mit Weinbeeren (ungeschwefelte dunkle Rosinen) oder anderem kleingeschnittenem Trockenobst, auch Kokosflocken können Sie mischen. Wenn nötig, süßen Sie mit ein wenig Honig. Pro Apfel etwa 1 EL Füllung.

Die gefüllten Äpfel setzen Sie in eine Auflaufform, geben 1/2 Glas trockenen Wein (oder Apfelsaft) hinzu und lassen bei 200 Grad etwa 15 Minuten backen (zerfallen dürfen sie nicht). Dazu können Sie ganz einfach ungeschlagene Sahne zum Übergießen bereitstellen.

1 kleiner oder 1/2 Apfel
pro Person
Nüsse/Mandeln
Rosinen
evtl. Kokosflocken
Honig
1/2 Glas Wasser
1/2 Glas Wein/Apfelsaft

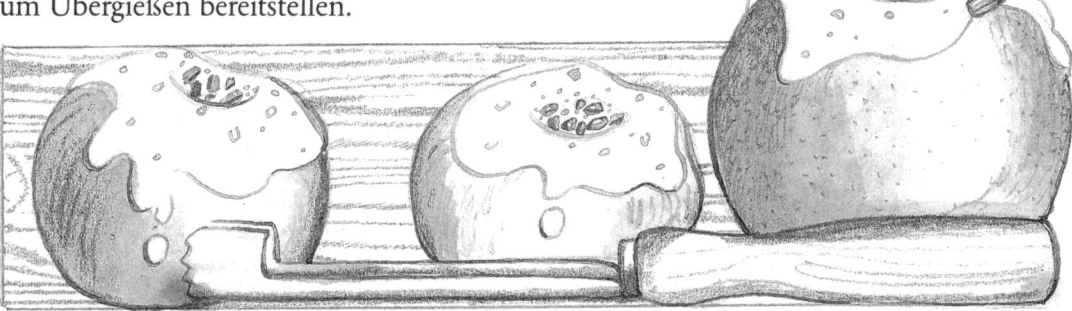

168 Rohes Apfelmus

4 große Äpfel
4 TL Zitronensaft
1/4 TL Vanillegewürz

Äpfel mit Schale fein reiben, sofort Zitronensaft unterrühren und mit Vanille abschmecken. Sind die Äpfel sehr sauer, mit Honig süßen oder schaumig geschlagene Banane unterziehen.

169 Überraschungs-Bananen-Dessert

Pro Person 1/2 große oder
1 ganze kleine Banane
250 g Erdbeeren, Himbeeren,
Brombeeren o.ä. (frisch oder
Gefrierware)
1–2 EL Honig
1/2 TL Vanillegewürz
1 MS Delifrut
(oder 1–2 TL Vanillerum)
1/2 Becher Sahne (125 g)
Carobstreusel (!)

Diese Speise geht ganz schnell, sie läßt sich recht hübsch z.B. in Groggläsern anrichten: Sie schneiden dicke Bananenstücke am besten gleich in die Gläser hinein, sofort mit einigen Tropfen Zitronensaft schützen. Sie pürieren die frischen oder leicht angetauten Gefrierfrüchte zusammen mit dem Honig. Sie geben die Gewürze hinzu und vermengen das Früchtepüree mit der leicht geschlagenen Sahne. Jetzt noch die Gewürze, und fertig ist eine farblich ansprechende, interessant schmeckende Fruchtsoße, die Sie großzügig über die Bananen geben. Obenauf geben Sie Carobstreusel als I-Tupfer. Durch andere Früchte wird die Soße farblich und geschmacklich jedes Mal anders – das ist die Überraschung dabei!

Himbeer-Bananen-Dessert 170

Zwieback bzw. Kuchen zerbröseln, mit Rum tränken. Himbeeren mit Schlagmesser oder Mixer zerkleinern. Banane schaumig pürieren. Sahne steif schlagen, mit Honig abschmecken.

Hohe Dessertgläser schichtweise mit Kuchenkrümeln, Himbeeren, Banane füllen. Mit Sahnehaube garnieren, mit Rum beträufeln und Vanille darüberstreuen.

300 g gefrorene Himbeeren
2 Bananen
1/4 l süße Sahne
2 EL Honig
Vollkornzwieback oder
Mürbteigreste
Vanillegewürz, etwas Rum

Sind Süßstoffe zu empfehlen?

Wir empfehlen Süßstoffe deshalb nicht, weil man sonst von der süßen Geschmacksrichtung nicht wegkommt. Es genügen wenige Wochen, um den Gaumen so umzugewöhnen, daß das Verlangen nach Süßem aufhört.

Es wird unentwegt an der Entwicklung neuer Zuckerersatzstoffe gearbeitet. Gründliche Untersuchungen an verschiedenen Instituten haben auch in Langzeitversuchen ergeben, daß sie in der niedrigen Konzentration, wie sie für das Süßen von Speisen ab und zu in Frage kommen, unschädlich sind.

Innerhalb einer vitalstoffreichen Vollwertkost sind Präparate jedoch weitgehend zu meiden. Sie sollten die Nahrung so natürlich wie möglich belassen.

171   *Hirsebrei mit Früchten*

100 g Hirsekörner
300 ml Wasser
1 Prise Salz
Zitronensaft
1 MS Zimt
1 EL Honig
1 EL Butter
50 g Nüsse
1 säuerlicher Apfel

Hirsekörner ca. 2–4 Stunden (oder über Nacht) einweichen. Mit dem Einweichwasser aufkochen lassen, nicht umrühren, mit der Restwärme der Platte im geschlossenen Topf ca. 10–15 Minuten ausquellen lassen. Danach Gewürze, Butter, frisch gemahlene Nüsse und den kleingeschnittenen Apfel hinzufügen. Diese Speise wirkt farblich sehr gut.
Als frische Früchte eignen sich ebenfalls: Birnen, Orangen, Kirschen, Ananas usw.

Tip: Während des Garens Hirse nicht umrühren! So bleibt sie körnig und wird nicht klebrig. (Übrigens: Es gibt hundert von Sorten Hirse – manche schmecken leicht bitter oder streng...)

172   *Gerstenschrotbrei*

100 g Gerstenschrot, mittelgrob
300 ml Wasser
1 Prise Salz
1 EL Honig
Zitronensaft
Aprikosen, ungeschwefelt
Obst nach Jahreszeit
5 EL süße Sahne
3 EL saure Sahne

Das Gerstenschrot 2–4 Stunden (oder über Nacht) einweichen. Die Aprikosen ebenfalls einige Stunden einweichen. Schrot mit dem Einweichwasser aufkochen, mit der Restwärme der Kochplatte ziehen lassen. Andere Zutaten hinzugeben, als Obst bieten sich Äpfel, Birnen, Orangen oder Sommerbeeren an. Mit Sahne im Geschmack abrunden.

Haferbrei mit Backpflaumen 173

Frisch geschroteten oder gequetschten Hafer in das kochende Wasser geben, einmal aufkochen, umrühren, von der Platte nehmen und im geschlossenen Topf ausquellen lassen (etwa 10–15 Minuten). Danach Salz, Honig, Zitronensaft und die zerkleinerten Backpflaumen hineingeben. Die Backpflaumen müssen vorher eingeweicht werden. Evtl. auch eine zerschnittene Orange hinzufügen.
Der dickliche Brei kann in Portionsschalen oder Tellern serviert werden. Jeder kann nach Geschmack selbst Sahne hinzugeben.

100 g Nackthafer
300 ml Wasser
1 Prise Salz
1 EL Honig
75 g Backpflaumen, ungeschwefelt
Zitronensaft
Sahne
evtl. 1 Orange

Hirsespeise mit Obst 174

Hirsekörner einweichen (2–4 Stunden oder über Nacht), mit dem Einweichwasser aufkochen lassen, nicht umrühren, im geschlossenen Topf mit der Restwärme der Kochplatte ausquellen lassen. Im lauwarmen oder kalten Zustand die Gewürze vorsichtig mit zwei Gabeln unterheben. Geben Sie die Hirse bitte auf Portionsteller oder in eine große flache Schale, schaufeln Sie eine Vertiefung in die Mitte und füllen Sie dort hinein die Obstmischung. Das Obst sollte nicht zu klein geschnitten werden, weil es sonst zu schnell und zuviel Saft zieht und matschig wird. Die Sahne können Sie einfach drübergießen oder schlagen und Tupfer aufsetzen.

100 g Hirsekörner
200 ml Wasser
evtl. 1 Prise Salz
1 EL Honig
1 MS Delifrut
1 Prise Ingwerpulver
100 g Sahne
Obst der Jahreszeit
Nüsse, zerkleinert

Tip Wenn von der körnig-trockenen, ausgegarten Hirse etwas übrig bleibt – für Hirsespeisen vernehmen!

175

175 *Maisgrießbrei*

100 g Maisgrieß, grob
300 ml Wasser
1 Ei
1 EL Honig
1/2 EL Butter
evtl. Zitronensaft
3 EL Rosinen
1 Apfel

Wer eine neuere Stahlkranz-Getreidemühle besitzt, kann den Mais auch selbst mahlen: einfach mehrmals durchgeben von ganz grob bis feiner. Ansonsten dort Maisgrieß kaufen, wo Sie wissen, daß er nicht lange lagert. Maisgrieß in kochendes Wasser geben, bei geringster Hitzezufuhr ca. 5–7 Minuten unter Rühren »köcheln« lassen, noch etwas im geschlossenen Topf nachquellen lassen. Die Rosinen vorher einweichen. Nach dem Abkühlen des Maisbreis das Eigelb, Gewürze, Butter, Rosinen, kleingeschnittenen Apfel zufügen. Zum Schluß das Eiweiß geschlagen unterheben. Unter Umständen mit Zitronensaft und etwas Einweichwasser von Trockenfrüchten pikant abschmecken.

Was ist eigentlich „Ursüße"?

Dabei handelt es sich um ein Zuckerkonzentrat, das bei Empfindlichen Unverträglichkeiten hervorrufen kann. Nach der Kollath-Tabelle ist es in den Bereich der Präparate einzuordnen. Bei der Verdauung entzieht es dem Organismus Mineralstoffe und Vitamine.
Die wertvollen Mineralstoffe, die das Produkt angeblich laut Analyse enthält, führen Sie sich bereits mit frischen Lebensmitteln und Vollkornbrot zu.

Reisspeise mit Früchten 176

Reis einige Stunden vor der Zubereitung einweichen, mit dem Einweichwasser aufkochen lassen, im geschlossenen Topf mit der Restwärme der Kochplatte ausquellen lassen, dabei weder Deckel abnehmen noch umrühren (der Reis würde danach kleben, besonders Langkornreis!).
Gewürze zufügen, Zitronensaft nur dann, wenn die Früchte wenig Säure haben. Honigzugabe richtet sich wiederum nach dem Süßegrad der Früchte. Die Butter geben wir hinein und das Obst nicht zu sehr zerkleinert (Sommerbeeren und Kirschen ganz lassen). Rühren Sie bitte nicht zu oft um, sonst entsteht leicht ein Brei. Haben Sie genug Zeit, so schlagen Sie die Sahne, die Speise wird damit feiner. Mit einigen hübschen Obststücken garnieren.

100 g Rundkornreis
200 ml Wasser
1–2 EL Honig
20 g Butter
1 MS Delifrut
etwas Zitronengelb (abger. Schale), Zitronensaft
150 g süße Sahne
300–400 g Obst der Jahreszeit, gemischt

Reis »Paradies« 177

Reis körnig garen (am besten vorher einige Stunden in Wasser einweichen). Das Kerngehäuse der Äpfel großzügig mit reichlich Fruchtfleisch ausstechen. Haselnüsse grob hacken und mit dem Fruchtfleisch der Äpfel mischen. Rosinen in Rum einweichen, Orangen würfeln und dazugeben. Alles mit Zimt, Vanille und Honig abschmecken und unter den Reis ziehen. Äpfel damit füllen und in gebutterte Auflaufform setzen. Butter und Honig zerlaufen lassen und über die Äpfel gießen. 20 Minuten bei ca. 180 Grad im Ofen backen. Mit restlichem Reis servieren.

250 g Naturreis
4 saure Äpfel
100 g Haselnüsse
1 Handvoll Rosinen
2 Orangen
Zimt, Vanille, Honig, Rum
4–5 EL Butter
4 EL Honig

178 *Quarkklöße mit Zwetschgen*

500 g Quark oder
Schichtkäse
ca. 15 Zwetschgen/Aprikosen
Feigen
200–250 g Weizenvollkorn-
mehl
1 Eigelb, 1 Ei
1/2 TL Vollmeersalz
Butter
Semmelbrösel

Quark in Tuch ausdrücken, mit allen anderen Zutaten (außer den Früchten) verkneten. Zwetschgen entsteinen. In jede Zwetschge ein Stückchen Feige legen, mit einer dünnen Teigschicht umhüllen, in Weizenvollkornmehl wenden und in siedendem Salzwasser 15 Minuten ziehen lassen.
Mit in Butter gebräunten Semmelbröseln übergießen. Dazu schmeckt auch sehr gut eine Vanillesoße.

179 *Vanillesoße*

50 g Weizenvollkornmehl
1/2 l Sahne und Wasser,
gemischt
1 TL Vanillegewürz
1 gehäufter EL Honig
1 Eigelb

Mehl im Topf unter Rühren erhitzen – nicht bräunen! Abkühlen, mit Flüssigkeit verrühren, aufkochen lassen. Eigelb mit Honig und Vanille vermengen, unter die abgekühlte Soße rühren.

Braucht man für die Zubereitung von Vollwertkost mehr Zeit?

Nein. Wenn Ihnen die Arbeitsvorgänge geläufig sind und Sie sich mit den wesentlichen Punkten der Vollwertkost vertraut gemacht haben, ist der Arbeitsaufwand geringer als bei der Zubereitung der üblichen Kost.
Die schnelle, problemlose Zubereitung setzt allerdings Wissen, Umdenken und Neuplanung voraus.

Orangenpfannkuchen mit Mandeln 180

Alle Zutaten (außer Mandeln und Honig) in der angegebenen Reihenfolge miteinander verrühren. 10 Minuten quellen lassen. Kleine Pfannkuchen von ca. 10 cm Durchmesser in wenig Öl backen. Sofort mit Honig bestreichen, mit gehackten Mandeln bestreuen und heiß servieren.

2 Eier
1/4 Tasse Öl
250 g Weizenvollkornmehl
1/2 TL Backpulver oder
Natron
1/2 TL Vollmeersalz
1–2 Tassen Orangensaft
mit Fruchtfleisch
50 g gehackte Mandeln
Honig

Apfelpfannkuchen 181

Eigelb, Salz und Flüssigkeit verquirlen, Mehl unterrühren. Eiweiß steif schlagen und unterheben. Äpfel mit der Schale grob raspeln oder in dünne Scheiben schneiden und unter den Teig ziehen. In wenig Öl in der Pfanne goldgelb backen.

250 g Weizenvollkornmehl
2–3 Eier
1/2 l Sahne und Wasser,
halb und halb
3 Äpfel
1/2 TL Vollmeersalz
Öl

182 Fruchtig Gefrorenes

1/4 l Sahne
3 EL Honig
Erdbeeren oder Himbeeren
Vanille, Zimt

Sahne dickflüssig schlagen. Honig dazugeben, dann steif schlagen. Früchte unterheben. Nach Geschmack würzen. Etwa 2 Stunden ins Gefrierfach stellen. Von Zeit zu Zeit umrühren, damit es cremig bleibt.

183 Vanilleeis

1/4 l Sahne
1 EL Honig
Vanillegewürz nach Geschmack
2 Eier
evtl. etwas Rum

Sahne fast steif schlagen, dann Honig, Vanille und Eigelb zugeben, weiter schlagen, bis die Masse fest ist. Steif geschlagenes Eiweiß unterheben. Ca. 2 Stunden ins Gefrierfach stellen.
Alternative: Sie können die Sahne mit rohen Früchten oder Zitronensaft mischen.
Das Vanilleeis schmeckt auch sehr gut, wen es mit heißen Himbeeren oder heißen Sauerkirschen serviert wird.

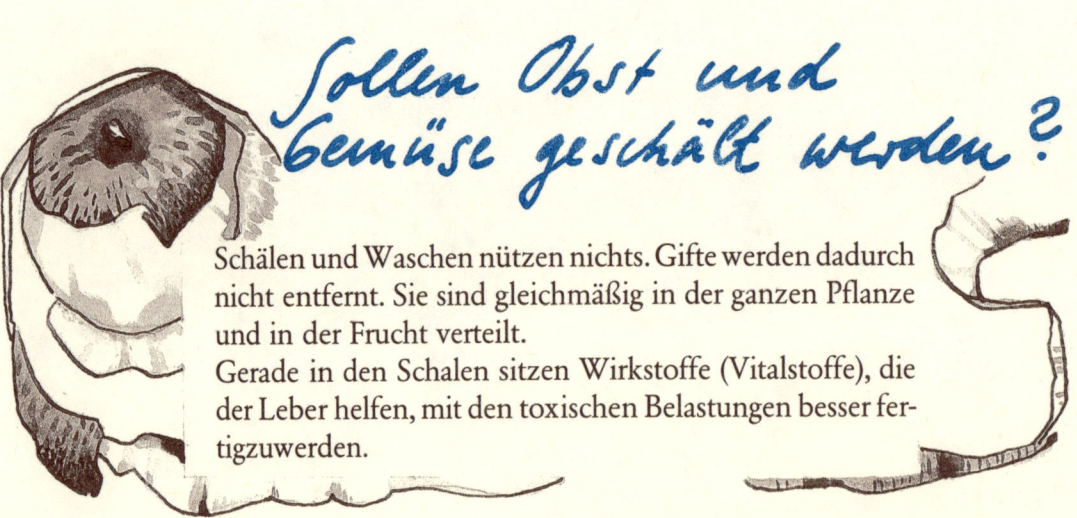

Sollen Obst und Gemüse geschält werden?

Schälen und Waschen nützen nichts. Gifte werden dadurch nicht entfernt. Sie sind gleichmäßig in der ganzen Pflanze und in der Frucht verteilt.
Gerade in den Schalen sitzen Wirkstoffe (Vitalstoffe), die der Leber helfen, mit den toxischen Belastungen besser fertigzuwerden.

Nachtisch für Eilige   184

Gefrorene Früchte mit einem Schlagmesser oder Mixer grob zerkleinern. Mit Honig und geschlagener Sahne mischen. Mit Vanille würzen, evtl. 1 EL Kirschwasser zugeben.

Gefrorene Früchte
Honig
1 Becher Sahne
Vanillegewürz
evtl. 1 EL Kirschwasser

Erdbeerspeise   185

Erdbeeren pürieren, einige Früchte zum Garnieren zurücklassen. Zitronensaft dazugeben, Honig nach Geschmack. Sahne steif schlagen. Fruchtmasse und Sahne schichtweise in hohe Gläser füllen. Kiwi schälen, in Scheiben schneiden und Speise damit verzieren. Mit Vanillegewürz bestreuen.

500 g Erdbeeren
Saft von 1 Zitrone
Honig nach Geschmack
1/4 l Sahne
2 Kiwi
Vanillegewürz

Himbeercreme   186

Sahne steif schlagen. Quark mit Himbeeren, Vanille und Honig verrühren. Geschlagene Sahne unterziehen.

1/4 l Sahne
125 g Sahnequark
250 g Himbeeren
1/2 TL Vanillegewürz
2 EL Honig

Quark soll sehr gesund sein. Stimmt das?

Früher machte man Quark aus Rohmilch. Die Milch stand 2 bis 3 Tage bei Zimmertemperatur, bis sie sauer war. Danach wurde sie durch ein Tuch gegossen. Die abgetropfte, leicht gepreßte Milch war der hausgemachte Topfen. So kenne ich ihn noch aus meiner Kindheit.

Der heute im Handel üblicherweise angebotene Quark wird aus erhitzter Milch hergestellt. Dazu wird die Milch mindestens 10 Minuten lang auf 95 Grad erhitzt, weitere Verfahren schließen sich an. Das Ergebnis: ein denaturiertes Produkt, das zudem ein Eiweißkonzentrat darstellt.

Magerquark ist noch wertärmer als Sahnequark, denn ihm wird bei der Herstellung zusätzlich das Milchfett fast gänzlich entzogen.

Wenn der Gesunde gelegentlich Quark verzehrt, weil er ihm schmeckt, ist nichts dagegen zu sagen. Der Kranke – besonders der Leberkranke – sollte jedoch darauf verzichten. Tierisches Eiweiß in so konzentrierter Form ist eine große Belastung für den Stoffwechsel, besonders für die Leber.

187 Rhabarber mit Schnee

500 g Rhabarber
4 EL Honig
2–3 Eiweiß
100 g grob gemahlene Mandeln
1/2 TL abgeriebene Zitronenschale

Rhabarber putzen, waschen, in 1 cm lange Stücke schneiden. In eine Auflaufform füllen, mit 2 EL Honig verrühren. Eiweiß steif schlagen, 2 EL Honig dazugeben. Gehackte Mandeln und Zitronenschale unterheben. Rhabarber (der inzwischen Saft gezogen hat) durchrühren, Eischnee darauf verteilen. 20 Minuten bei 180 Grad backen.

Feigenkonfekt 188

Feigen durch einen Fleischwolf drehen. Von der Zitrone brauchen Sie das Fruchtfleisch, den Saft und etwas abgeriebene Schale. Alle Zutaten (außer gemahlenen Nüsse) verkneten. Sollte die Masse zu trocken sein, etwas Wasser zugeben. Kleine Kugeln formen, in den geriebenen Haselnüssen wälzen, trocknen lassen.
Datteln, Trockenpflaumen, Aprikosen und andere Trockenfrüchte lassen sich auf dieselbe Art zubereiten.

500 g Feigen
1 Zitrone
125 g Haselnüsse
1 TL Kakao
1 MS Vanillegewürz
Zimt, Rum, Honig
nach Geschmack

Dattelkonfekt 189

Den frischen Datteln den Kern entnehmen. Mit Marzipanrohmasse füllen. Anschließend mit frischen Kokosraspeln bestreuen und mit ein wenig Kakao überpudern.

Frische Datteln
Marzipan-Rohmasse
(Rezept Nr. 193)
Kokosraspeln
Kakao

Walnußdatteln 190

Datteln entsteinen, 1–2 Tropfen Zitronensaft hineingeben, mit halben Walnußkernen füllen. Anschließend in Kokosraspeln wälzen.

Datteln
Walnußkerne
Zitronensaft
Kokosraspeln

Immer darauf achten: nur unbehandelte Zitronen kaufen!

191   *Haferkugeln*

125 g Hafer
Saft von 1 Zitrone
125 g Aprikosen
3 EL Honig
100 g fein gemahlene Nüsse

Hafer mehlfein mahlen, Zitronensaft und zerkleinerte Aprikosen (evtl. pürieren!) dazugeben. Mit Honig und Nüssen verkneten. Kleine Kugeln formen, in Kokosraspeln wenden.

192   *Kokoskugeln*

1 Tasse Datteln
1 Tasse getr. Aprikosen
1 Tasse Rosinen
1 Tasse Nüsse
1 Tasse Kokosraspeln
2–3 EL Zitronensaft

Datteln, getrocknete Aprikosen, Rosinen und Nüsse (Walnüsse oder Haselnüsse) durch den Fleischwolf drehen. Zitronensaft zugeben. Gut durchkneten. Kugeln formen. In Kokosraspeln wenden.

193   *Marzipan-Rohmasse*

100 g süße Mandeln
10 bittere Mandeln
70 g Honig
1 EL Rosenwasser

Die blanchierten Mandeln (es geht auch mit ungeschälten, dann wird die Marzipanmasse eben dunkler) sehr fein mahlen. Mit dem Honig und dem Rosenwasser verkneten. Einen halben Tag gut durchziehen lassen.
Anstelle von Rosenwasser können Sie auch Zitronensaft, Orangensaft oder Vanillerum verwenden.

*Mahlzeit
mal Zeit?
Zeit zum Mahlen –
    von Getreide?*

Gesegnete Mahlzeit!

Bis hier haben Sie nun einige Neuigkeiten kennengelernt und ausprobiert.
Wenn Ihnen die vorgeschlagenen frischen Salate und die warmen Mahlzeiten geschmeckt haben, sollten Sie auch das Backen mit Vollkornmehl ausprobieren.
Hier werden Sie vielleicht die stärkste Veränderung feststellen. Vollkorngebäck schmeckt aber so vorzüglich, daß Ihre Backversuche schnell voll akzeptiert werden und Ihnen den Mut zum Neuen geben!

185

194   *Afrikanischer Dattelkuchen*

400 g Weizenvollkornmehl
3 TL Backpulver
2 MS Vollmeersalz
500 g Datteln
250 g Hasel- oder Walnüsse
4 Eier
250 g Butter

Vollkornmehl und Backpulver mischen. Die Datteln entkernen und kleinschneiden. Die Nüsse fein reiben. Zerlassene Butter, geschlagene Eier und alle anderen Zutaten unter das Mehl kneten. Den fertigen Teig auf ein gefettetes Blech streichen. Bei 200 Grad 15 Minuten backen. Abkühlen lassen und in kleine Würfel schneiden.

195   *Gedeckter Apfelkuchen*

300 g Weizenvollkornmehl
200 g Butter
1 Prise Salz
5 EL eiskaltes Wasser oder
Mineralwasser
1 TL Honig

Füllung:
1–1,5 kg Äpfel
Saft von 1/2 Zitrone
2–3 EL Honig
Vanillegewürz
Zimt nach Geschmack
50–100 g gehackte Mandeln
100 g Rosinen
2 EL sehr fein gemahlenes
Weizenvollkornmehl

Alle Zutaten schnell verkneten, etwas mehr als die Hälfte des Teiges ausrollen und eine Springform damit auslegen. Teigrand hochziehen.
Äpfel schneiden oder grob raspeln, mit den übrigen Zutaten mischen und auf den Teig füllen.
Den restlichen Teig ausrollen, auf die Füllung legen. Teigränder etwas zusammendrücken. In die Mitte der oberen Teigplatte ein Kreuz einritzen, damit der Dampf abziehen kann. Ca. 40 Minuten bei 200 Grad backen.

Apfelstrudel

Alle Zutaten zu einem glatten Teig verarbeiten und 1/2 Stunde zugedeckt ruhen lassen.

Äpfel und Nüsse grob raffeln. Teig dünn auswellen, mit Sahne bestreichen. Äpfel, Nüsse, Rosinen auf dem Teig verteilen, mit Zimt und Vanille bestreuen. Den Strudel seitlich einschlagen, dann aufrollen.

In eine gebutterte Auflaufform legen. Butter und Honig schmelzen lassen, den Strudelteig reichlich damit bestreichen. 30 Minuten bei 200 Grad backen.

250 g Weizenvollkornmehl
1/8 l lauwarmes Wasser
1 MS Vollmeersalz
2–3 EL Öl

Füllung:
3–4 Äpfel
100 g Hasel- oder Walnüsse
50 g Rosinen
1/4 TL Vanillegewürz
1/2 TL Zimt
80 g Honig
80 g Butter
2–3 EL Sahne

Formaldehyd soll auch im Honig vorkommen. Ist das schädlich?

Ihre Sorge ist berechtigt, wenn Sie an die Formaldehyd-Skandale denken, die die Öffentlichkeit beunruhigen.

Die Natur kennt jedoch ihre sinnvollen Grenzen – im Gegensatz zur Chemie, in der vieles machbar ist.

Formaldehyd ist ein normales Stoffwechselprodukt. Es kommt in gebundener und in freier Form vor. Außerdem kommt Formaldehyd in einer Reihe von Lebensmitteln vor, zum Beispiel in Äpfeln in gebundener Form und in geräucherten Wurstwaren. In höherer Konzentration ist Formaldehyd ein schädlicher Stoff.

In den geringen Mengen im natürlichen Verband der Nahrung (Honig, Äpfel) ist Formaldehyd vollkommen unschädlich.

197 — Gedeckter Aprikosenkuchen

200 g Butter
200 g Honig
4 Eier
Schale von 1 Zitrone
250 g Weizenvollkornmehl
1/2 TL Backpulver
100 g fein gemahlene Haselnüsse
500–700 g reife Aprikosen
(oder 250 g getrocknete,
ungeschwefelt)

Honig, Butter, Eier schaumig rühren, die abgeriebene Zitronenschale, das mit Backpulver vermischte Mehl einrühren, desgleichen die gemahlenen Nüsse. Gut die Hälfte des Teiges in eine 26er Springform (gefettet, gebröselt) geben. Die Aprikosenhälften, mit der Schnittseite nach unten, in den Teig drücken. Den restlichen Teig vorsichtig über die Früchte verteilen.

Bei 200 Grad, unterste Schiene, ca. 50 Minuten backen, davon die letzten 15 Minuten abgedeckt mit Pergamentblättern.

Anstelle der Aprikosen lassen sich auch Kirschen, Apfelhälften, Zwetschgen nehmen.

198 — Bananen-Kokos-Torte

250 g Weizenvollkornmehl
80 g Honig
1 Ei
1 Prise Vollmeersalz
1 MS Delifrut oder
Zimt/Vanillegewürz
1 gestr. TL Backpulver
70 g Butter

Belag:
3 Pfund Bananen
1 Zitrone
2 Eiweiß
50 g Honig
125 g Kokosraspeln
100–200 g Himbeeren

Das Vollkornmehl mit allen Zutaten zu einem Mürbeteig verkneten. 30 Minuten ruhen lassen.

Im vorgeheizten Ofen bei 200 Grad ca. 20 Minuten vorbakken. Bananen schälen und in ca. 3 cm lange Stücke schneiden. Mit Zitronensaft beträufeln, dicht nebeneinander auf den Tortenboden legen. Himbeeren zwischen den Bananenstücken verteilen. Eiweiß steif schlagen, den Honig zum Schluß zugeben. Kokosraspeln unter die Eiweißmasse heben und auf die Bananen streichen. Nochmals im Backofen bei 200 Grad ca. 10 Minuten hellbraun abbacken.

Bienenstich

Hefe in Wasser auflösen, Butter flüssig machen, alles mit den genannten restlichen Zutaten verkneten und sofort mit nassen Händen auf ein Backblech streichen.

Für den Belag alle Zutaten in einen Topf geben und unter Rühren kurz aufkochen lassen. Etwas abgekühlt sofort auf den vorbereiteten Teig streichen. Bei 190 Grad ca. 20–30 Minuten goldbraun backen.

500 g Weizenvollkornmehl
1/2 Tasse Wasser
1 Würfel Hefe
1–2 EL Honig
1 Prise Vollmeersalz
200 g Butter

Belag:
125 g Butter
1/2 Tasse Sahne
250 g gehackte Mandeln
200 g Honig
1 TL Vanillegewürz

Die Handlungen des einzelnen Menschen sind in allen Lebensbereichen von seinen Erkenntnissen abhängig. Ihnen entspricht sein jeweiliges Weltbild.

Dr. Bruker

200 *Biskuit-Roulade*

4–5 Eigelb
125 g Honig
3 EL warmes Wasser
175 g Weizenvollkornmehl
1 gestr. TL Backpulver

Füllung:
1/4 l süße Sahne
80 g Honig
frische Früchte der Saison

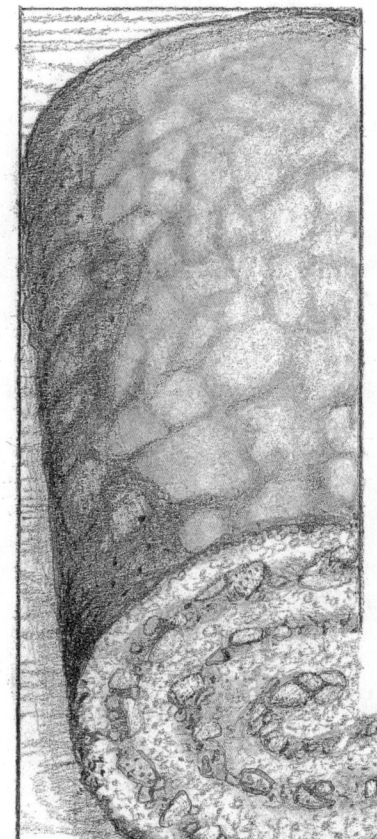

Eigelb und Honig mit Handmixer oder Küchenmaschine rühren, Wasser eßlöffelweise zugeben. So lange rühren, bis die Masse sehr schaumig ist. Schnitt mit dem Küchenmesser sollte zu sehen sein! Zum Schluß Eischnee und Mehl abwechselnd leicht unterheben. Das Backpulver erst in das letzte Drittel des Mehls geben.

Backblech fetten und mit Pergamentpapier auslegen, das ebenfalls eingefettet wird.

Die schaumige Teigmasse gleichmäßig auftragen und in dem auf 200 Grad vorgeheizten Backofen 12–15 Minuten hellgelb backen.

Sofort auf ein Geschirrtuch stürzen. Das Pergamentpapier sofort abziehen. Die Biskuitplatte mit dem Tuch aufrollen und ca. 2 Stunden auskühlen lassen.

Füllung: 1/4 l Sahne schlagen. Bevor die Sahne ganz steif ist, etwa 80 g Honig dazugeben. Frische Früchte (Erdbeeren, Himbeeren o.ä.) zerkleinern und unter die steife Sahne mischen. Die ausgekühlte Roulade auseinanderrollen, mit der Füllung bestreichen, wieder zusammenrollen und *gut gekühlt* servieren!

Wenn es ganz schnell gehen soll, rollen Sie die Biskuitplatte nicht auf. Nachdem sie abgekühlt ist, in vier gleichmäßige Streifen schneiden. Diese Stücke werden geschichtet, zwischen jede Lage wird die oben beschriebene Füllung gestrichen. Die fertige Torte rundherum mit Schlagsahne bestreichen – notfalls nochmals 1/8 Liter zusätzlich steif schlagen – und mit Früchten, Mandelsplittern, gerösteten, fein gemahlenen Haselnüssen o.ä. verzieren.

Biskuitteig

Dieses Rezept eignet sich zur Herstellung von Torten-böden, kann aber auch als Alternative zum Teig der Biskuit-Roulade (Rezept Nr. 200) verwendet werden.

3 Eiweiß mit 3 EL Wasser zu steifem Schnee schlagen. Honig cremig rühren, mit Eigelb so schaumig wie möglich schlagen (mit einem Handrührgerät), Gewürze zugeben, zum Schluß das Gemisch aus Weizenvollkornmehl und Backpulver. Diese Masse vorsichtig, jedoch gründlich in den steifen Eischnee einrühren. Eine mit Pergamentpapier ausgelegte, gefettete und gebröselte Springform (24/26 cm Durchmesser) sollte bereitstehen oder auch ein mit Perga-ment- oder Backpapier ausgelegtes Backblech. Der Ofen soll vorgeheizt werden.

Den Tortenboden backen Sie auf der Mittelschiene bei 200 Grad ca. 20–25 Minuten, die Teigplatte für die Rolle auf der 2. Schiene von oben bei 180 Grad 12–15 Minuten.

Der Tortenboden wird 3–5 cm hoch, Sie können ihn also zum Füllen durchschneiden.

Die Teigplatte für die Rolle auf keinen Fall kroß backen las-sen, weil sie sonst leicht bricht. Ist die Teigplatte gebacken, stürzen Sie sie sofort auf ein sauberes, mit Semmelbröseln bestreutes Tuch (Geschirrtuch), drücken rundherum mit zwei Fingern den Rand ein und rollen die heiße Platte in dem Tuch ein. Nach dem Erkalten vorsichtig aufrollen, fül-len und garnieren (Siehe Rezept Nr. 202).

3 Eier
3 EL Wasser
3 EL Honig (80–100 g)
1 EL Vanillerum
Schale von 1/2 Zitrone
100 g Weizenvollkornmehl
1/2 TL Weinstein-Backpulver

202 Biskuitteig-Füllungen

1/8 l Sahne
2 TL Honig oder süße Würze
500–700 g Obst der Jahreszeit

a) Fruchtbelag

Boden dünn mit honigsüßer Schlagsahne bestreichen, mit einer oder zwei beliebigen Obstsorten dekorativ belegen.

200 g Haselnüsse oder
Mandeln
100 g Trockenobst,
z.B. Backpflaumen,
Aprikosen
1 EL Honig
125 g Sahne
1 EL Vanillerum

b) Sahne-Nuß-Füllung

Nüsse oder Mandeln fein mahlen, Trockenobst pürieren, mit dem cremig gerührten Honig und geschlagener Sahne vermengen.

Die Hälfte der Sahnemenge reicht im allgemeinen für das Innere der Rolle, mit der anderen Hälfte läßt sich die gefüllte Rolle oder der gefüllte Boden umhüllen. Dabei kann man insbesondere bei der Rolle Bruchstellen verdecken. Es ist ratsam, die gefüllte Biskuitrolle ca. 2 Stunden anzufrieren, danach gelingt es Ihnen leicht, elegante Scheiben zu schneiden.

Dunkle Plätzchen

203

Alle Zutaten verkneten. Kalt stellen. Eine Rolle formen, in Scheiben schneiden, mit halben geschälten Mandeln verzieren. Bei 200 Grad 20–30 Minuten backen.

*2 Tassen feines Weizen-
vollkornmehl
4 EL Honig
4 gehäufte EL Butter
1 Eigelb
2 MS Vanillegewürz
1/2 TL Backpulver
2 TL Kakao
Mandeln zur Verzierung*

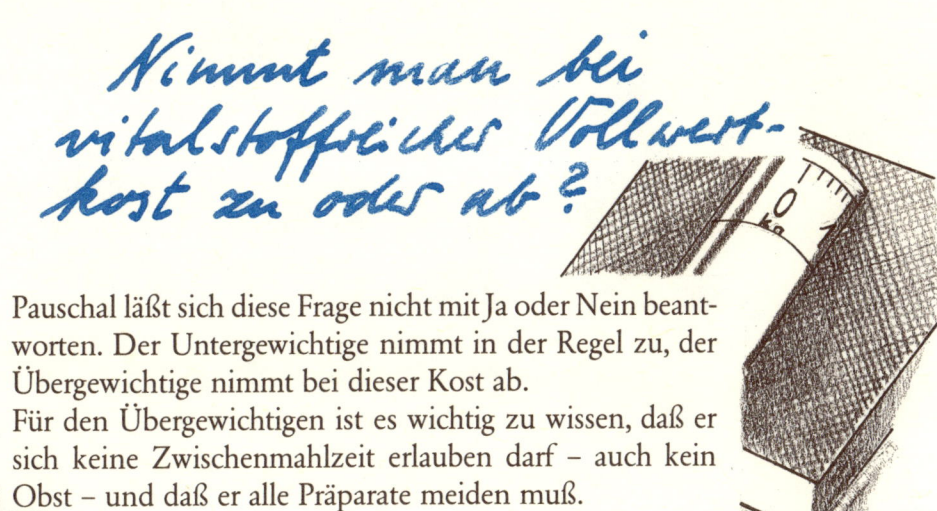

Nimmt man bei vitalstoffreicher Vollwert-kost zu oder ab?

Pauschal läßt sich diese Frage nicht mit Ja oder Nein beantworten. Der Untergewichtige nimmt in der Regel zu, der Übergewichtige nimmt bei dieser Kost ab.
Für den Übergewichtigen ist es wichtig zu wissen, daß er sich keine Zwischenmahlzeit erlauben darf – auch kein Obst – und daß er alle Präparate meiden muß.

204   *Hefezopf mit Nußfüllung*

1 kg Weizenvollkornmehl
40 g Hefe
0,3 l Sahne und Wasser,
halb und halb
2 Eier
130 g Honig
100 g Butter
Schale und Saft 1 Zitrone

Füllung:
250 g Haselnüsse
200 g Honig
1 EL Kakao
1 EL Vanillerum
u.U. 1–2 EL Wasser

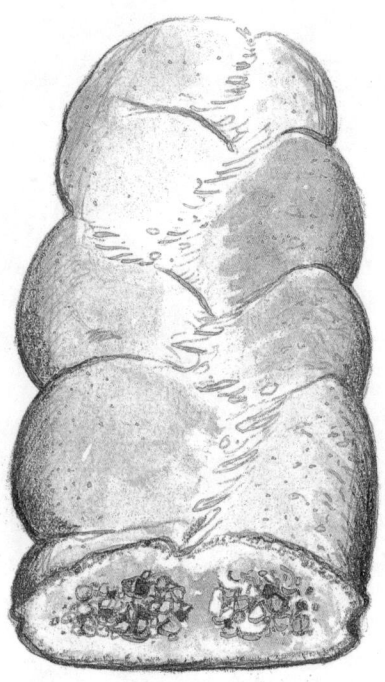

Aus diesen Zutaten nach Rezept Nr. 231 (Hefe-Weizenvoll-kornbrötchen) einen Hefeteig bereiten, zum Schluß die weiche (jedoch nicht zerlassene) Butter zugeben, gründlich einkneten. Gönnen Sie dem Teig etwa 1 Stunde Ruhezeit, gut zugedeckt bei Zimmertemperatur. Zwischendurch ein- oder zweimal zusammenkneten, er soll ohne Streumehl ausrollfähig sein.

Inzwischen eine **Füllung** vorbereiten:
Haselnüsse **leicht** in der Pfanne rösten, auf ein Tuch geben, kräftig reiben, damit sich möglichst viele Schalen lösen. Die Nüsse fein mahlen, mit Honig und den anderen Zutaten zu einer pastenartigen Füllung verkneten.
Den Hefekloß zu einer großen rechteckigen Platte ausrol-len, am Anfang vielleicht besser zwei kleinere Platten wäh-len, die Füllung fast bis an die Ränder aufstreichen, von der Längsseite her dicht aufrollen. Zwei Stränge vorsichtig umeinanderschlingen. Sind Sie von einer großen Platte aus-gegangen, führen Sie die zwei Strangenden einfach zuein-ander und winden Sie beide umeinander, das heißt, daß Sie die lange Rolle nicht teilen. Mit Schwung das Gebilde auf ein gefettetes Blech legen, Teighaut gründlich mit Eigelb bepinseln. Blech in den **kalten** Ofen geben, bei 200 Grad ca. 40–50 Minuten backen. Die letzten 15 Minuten besser mit Pergamentpapier bedecken.

Mandelfüllung: Mandeln abziehen, fein mahlen, Füllmas-se ohne Kakao, aber mit Zitronensaft und Vanillerum her-stellen.

Johannisbeerkuchen

Teigzutaten verkneten. In gefettete Springform streichen. 15 Minuten bei 180 Grad backen. Gut auskühlen lassen. Eiweiß mit Honig zu steifem Schnee schlagen, Johannisbeeren unterheben, auf den Kuchenboden streichen. 20 Minuten bei Mittelhitze hellbraun backen.

200 g Weizenvollkornmehl
60 g Honig
60 g Butter
3 Eigelb
1 geh. TL Backpulver

Belag:
150 g Johannisbeeren
100 g Honig
3 Eiweiß

Sind Kaffee und schwarzer Tee erlaubt?

Bohnenkaffee und schwarzer Tee gehören zu den Genußmitteln, wie auch Bier und Wein. Wenn jemand zu besonderen Anlässen Kaffee oder Tee trinkt, weil der Genuß zum Beispiel die Gemütlichkeit erhöht, und wenn der Genießer außerdem jederzeit darauf verzichten könnte, ist dagegen nichts einzuwenden.

Schwierig wird es, wenn eine Abhängigkeit von diesen Stoffen entsteht, wenn man glaubt, nicht mehr ohne Kaffee (Tee) auszukommen. Diese Menschen erkennt man oft an dem Satz: »Was habe ich denn noch vom Leben, wenn ich meinen Kaffee (Tee, Bier, Wein, Zigaretten) nicht mehr habe?«

Bohnenkaffee kann übrigens bei Leber-, Galle-, Magen-und Darmkranken Unverträglichkeitserscheinungen hervorrufen.

Migräne-Patienten müssen Bohnenkaffee und schwarzen Tee meiden.

Durch ihre gefäßaktive Wirkung sind Bohnenkaffee und schwarzer Tee Ursache vieler Kreislaufstörungen und vegetativer Beschwerden.

206 Pikantes Käsegebäck

200 g Hartkäse
200 g Butter
250 g Weizenvollkornmehl
1/2 TL Salz
Paprika- und Kümmelpulver
1 Prise Salbei
1 Prise Muskatblüte
Eigelb zum Bestreichen

Besonders geeignet sind Emmentaler, Bergkäse, Chester oder auch halbfeste Sorten, z.B. Gouda. Den Käse fein reiben, zusammen mit den anderen Zutaten zu einem festen, elastischen Teig verkneten. Teigröllchen herstellen, aus denen Sie dann Brezen formen können, indem Sie die Teigenden zueinanderführen und miteinander verbinden (durch Umschlingen). Diese Brezen auf Backpapier legen, mit Eigelb bestreichen, je nach Geschmack können Sie abgezogene, zerschnittene Mandeln darüberstreuen.
Bei 175 Grad je nach Größe der Teile 15–20 Minuten goldgelb backen. Auf dem Blech erkalten lassen, warm zerbröckelt das Gebäck zu leicht.
Dieses Käsegebäck läßt sich 2–3 Wochen in einer Dose aufbewahren.

207 Käsewaffeln

100 g Butter
2 Eier
1/4 TL Salz
100 g Weizenvollkornmehl
1/4 TL Weinstein-Backpulver
5–6 EL warmes Wasser
2 EL Schweizer Käse

Aus den Zutaten in der angegebenen Reihenfolge einen Rührteig bereiten, zum Schluß den geriebenen Käse zufügen; Teig abschmecken, evtl. nachsalzen. Paprikapulver und Kümmelpulver können zugegeben werden. – Teig ca. 20 Minuten quellen lassen. Danach erst mit dem Waffelbacken beginnen.
Die Waffeln passen zu Gemüsefrischkost genauso wie zu Gemüsesuppen, warm oder kalt serviert. Je dünner Sie sie backen, um so knuspriger werden sie mit Vollkornmehl.

Käseplätzchen mit Kräutern

208

Für dieses Rezept können Sie Ihre Käsereste verwenden. Sie können 2–3 Sorten nehmen, egal, ob Weich-, Schnitt- oder Hartkäse. Den Käse fein reiben oder zerdrücken, mit den anderen Zutaten vermengen. Die Menge Salz richtet sich nach der Sorte Käse, die Sie verwenden.

Mit nassen Händen Kugeln rollen, daraus flache Teiglinge drücken – etwa fünfmarkstückgroß. Diese Teigplatten kann man entweder direkt auf das gefettete Backblech legen (vorher mit Backpapier auslegen) oder auf Oblaten setzen, sofern man diese mag.

Auf der 2. Schiene von oben ca. 15 Minuten bei 200 Grad hellgelb backen, auf dem Blech auskühlen lassen, sonst bröckeln die Plätzchen.

Variante mit Kräutern:
Etwas feingehackte Kräuter unter den Teig kneten. Sie können sogar eine kleine Menge feingeschnittenes Gemüse – z.B. Tomate, Paprika, Pepperoni, Gurke – dem Teig zugeben.

150 g Käse
75 g Butter
1 Ei
150 g Dinkelfeinschrot
Salz
Paprikapulver
1 Prise Salbei, Curry,
Cayenne, Picata

209 Kirschkuchen

500 g Sauerkirschen
500 g Weizenvollkornmehl
125 g Butter
2–3 EL Honig
1 TL Backpulver
1/2 TL Zimt oder Vanille
1/2 Tasse Mineralwasser

Aus allen genannten Zutaten (außer Sauerkirschen) einen lockeren Teig kneten. Die Butter sollte nicht hart sein. Die entsteinten Sauerkirschen unter den Teig heben. In eine gefettete Springform füllen und bei 180 Grad etwa 40 Minuten backen.

210 Lebkuchen

600 g Weizenvollkornmehl
1 Pck. Lebkuchengewürz
abgeriebene Zitronenschale
1 Pck. Backpulver
3 Eigelb
500 g Honig
100 g Butter
125 g Mandeln
125 g Haselnüsse
100 g Zitronat
100 g Orangeat
5 EL Rum
Walnußhälften zum Verzieren

Vollkornmehl, Backpulver, Zitronenschale und Lebkuchengewürz mischen. Eigelb, Honig und zerlassene Butter unterrühren. Fein gemahlene Mandeln und Nüsse sowie fein gehacktes Orangeat, Zitronat mit Rum einweichen und unter den Teig kneten. Über Nacht ruhen lassen.
Am nächsten Tag auf ein gefettetes, bemehltes Blech streichen, mit Eigelb bepinseln und mit Walnußhälften belegen. 25 Minuten bei 180 Grad backen. Ausgekühlt in kleine Würfel schneiden.

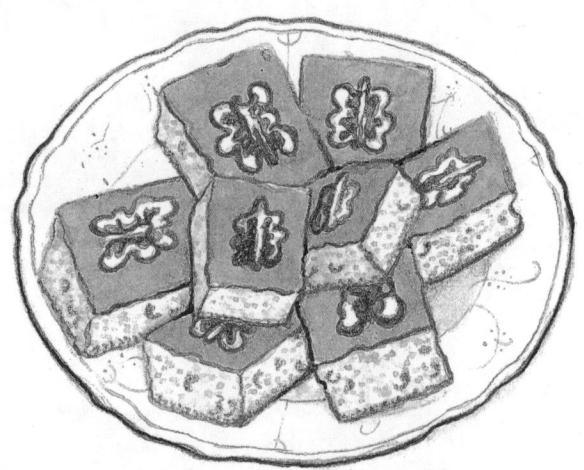

Linzer Schnitten   211

Zutaten zu einem Knetteig verarbeiten. Die Butter sollte nicht zu weich sein. 2 Stunden kalt stellen. Zwei Drittel des Teigs auf gefettetem Blech ausrollen. Mit Marmelade bzw. Fruchtmasse bestreichen. Restlichen Teig ausrollen, in Streifen schneiden, rautenförmig über die Marmeladenschicht legen, mit verquirltem Eigelb bestreichen. Ca. 1 Stunde bei 175 Grad backen.

300 g Butter
300 g Weizenvollkornmehl
300 g gem. Haselnüsse
250 g Honig, 1/2 TL Zimt
1 MS Nelkengewürz
3 Eigelb, evtl. etwas Sahne

Belag:
500 g Himbeermarmelade oder rohe Fruchtmasse
2 Eigelb zum Bestreichen

Mandelkränze   212

Aus den angegebenen Zutaten einen Rührteig bereiten. Dazu müssen die Mandeln fein gemahlen werden. Die Eier können Sie auch weglassen. Den Teig in einen Spritzbeutel füllen, auf ein mit Backpapier ausgelegtes Blech Kränze spritzen – es können selbstverständlich auch andere Formen gespritzt werden, zum Beispiel Buchstaben. Bei 200 Grad auf der zweiten Schiene von oben ungefähr 15 Minuten backen.

100 g Honig
75 g Butter
2 Eier
1/2 TL Vanillegewürz
2 TL Kakaopulver
150 g enthülste Mandeln
250 g Weizenvollkornmehl
1 gestr. TL Backpulver

Mandelkugeln   213

Alle Zutaten werden verknetet. Dann formen Sie Kugeln, die Sie abschließend in grob gehackten Mandeln wälzen.

100 g fein gemahlene Mandeln
50 g Dinkelvollkornmehl
1–2 EL Honig
Saft von 1 Orange
evtl. 1 EL Rum

214 *Mandelplätzchen*

200 g Butter
180 g Honig
200 g Weizenvollkornmehl
200 g Mandeln, gemahlen
2 Eier

Butter, Honig und Eier schaumig rühren. Weizenmehl und gemahlene Mandeln unterrühren. Mit einer Kekspresse auf ein ungefettetes Blech spritzen. 10 Minuten bei 200 Grad backen.

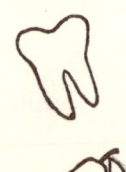

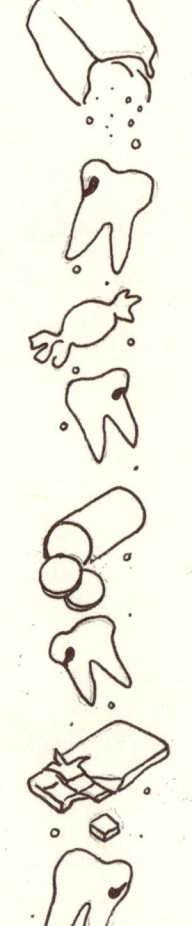

Zahnkaries und Ernährung...

Wußten Sie, daß Zahnkaries mit einer vitalstoffreichen Vollwertkost verhütbar ist?

Mehr als 98% aller Kinder unter 10 Jahren haben bereits Zahnkaries (Zahnfäule). Eine große Anzahl von Kleinkindern trägt bereits im Alter von etwa 2 Jahren Teilprothesen, weil das Milchgebiß durch falsche Ernährung schon so stark geschädigt ist, daß eine Beeinträchtigung der Kaufähigkeit vorliegt. Die Vorbeugung liegt in der Hand der Eltern. Eine Ernährung, die frei ist von Fabrikzucker und Zuckerkonzentraten, noch dazu vollwertig im hier dargestellten Sinne, garantiert ein kariesfreies Gebiß!

Zahnkaries ist keine Fluormangelkrankheit. Das Verabreichen von Fluoridtabletten ist eine Symptombehandlung, beseitigt die krankmachenden Ursachen jedoch nicht.

Fluoridtabletten sind schädlich. Sie verleiten Kinder außerdem im frühesten Alter dazu, die Einnahme von Tabletten als normal anzusehen. Welche Auswirkungen hat das in späteren Jahren?

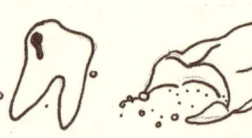
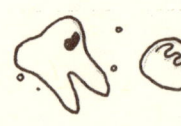

Mandelsplitter 215

Eiweiß und Honig sehr steif schlagen, so daß Schnitt mit dem Messer sichtbar ist. Honig, Mandelsplitter und Kakao unter die Masse ziehen. Jeweils 1 TL davon auf eine Oblate häufen und mit einer geschälten Mandelhälfte garnieren. Bei 200 Grad 25–30 Minuten backen.

2 Eier
2 Tassen Mandelsplitter
3 EL Honig
1 EL Kakao
Oblaten
Mandelhälften zur Verzierung

Marzipankuchen 216

Aus allen Zutaten einen Knetteig herstellen. Die Hälfte in eine gefettete Springform drücken.
Zitrone und Orange mit Schale durch einen Fleischwolf drehen, mit anderen Zutaten verkneten. Evtl. zusätzlich etwas Orangensaft hinzufügen, so daß die Masse streichfähig wird.
Auf vorbereiteten Teig streichen. Restlichen Teig als Streusel darüberkrümeln. Bei 180 Grad 1 Stunde backen.

500 g Weizenvollkornmehl
250 g weiche Butter
3–4 gehäufte EL Honig
1 Pck. Backpulver
1 TL Delifrut
Zimt oder Vanille

Marzipanfüllung:
1 unbehandelte Zitrone
1 unbehandelte Orange
200 g fein gem. Mandeln
200 g Honig

Mohntorte 217

Fett schaumig rühren, Honig und Eigelb langsam zugeben, dann Gewürze. Eiweiß steif schlagen. Abwechselnd Mohn, Haselnüsse und Eischnee von Hand unterheben. Form (26 cm Durchmesser) mit Alufolie auslegen, fetten. Backofen auf 160 Grad vorheizen. Backzeit: 30 Minuten bei 160 Grad, dann 30 Minuten bei 180 Grad.

250 g Butter
250 g Honig
250 g gequetschter Mohn
150 g gem. Haselnüsse
7 Eier
Rum, Zimt, Vanille

218   *Nußecken*

500 g Weizenvollkornmehl
1/4 TL Vollmeersalz
2 TL Backpulver
2 Eier
125 g Honig
150 g Butter

Belag:
250 g grob gem. Haselnüsse
125 g Butter
150 g Honig
5 EL Sahne
1/2 TL Vanillegewürz

Aus Mehl und den restlichen Zutaten einen Knetteig herstellen, eine halbe Stunde ruhen lassen. Die Zutaten für den Belag aufkochen, dann abkühlen lassen. Teig auf gefettetem Blech ausrollen, mit dem Belag bestreichen. 30 Minuten bei 190 Grad backen. Nach dem Abkühlen in Dreiecke schneiden.

219   *Nußhäufchen*

250 g Weizenvollkornmehl
1 gestr. TL Backpulver
180 g Honig
100 g Butter
200 g gem. Haselnüsse
1 Ei
evtl. 2–3 EL Rum

Aus allen Zutaten einen Rührteig fertigen. Mit zwei Teelöffeln kleine Häufchen aufs gefettete Blech setzen, evtl. mit Haselnüssen verzieren. Bei 200 Grad 20–25 Minuten backen.

Schnelle Nußkekse 220

Aus allen Zutaten einen geschmeidigen, jedoch festen Teig kneten. Etwa teelöffelgroße Teigteile zunächst zu einer Kugel formen, einmal fest zwischen die Handteller drükken. Teigstück auf das gefettete Blech legen. Mit Eigelb oder Milch bestreichen, evtl. einige Schokostreusel oder -raspel aufstreuen und mitbacken: bei 175 Grad ca. 15 Minuten, 2. Schiene von oben.
Die Kekse sollen eigentlich nur trocken werden und leicht braun. Im heißen Zustand bröckeln sie, darum auf dem Blech erkalten lassen. Sie lassen sich in einer Dose 1–2 Wochen lagern.
Variante: 5–6 pürierte Trockenpflaumen oder Aprikosen können eingearbeitet werden.
Die angegebene Menge reicht für 1 Backblech.

80 g Honig
125 g Butter
Zitronen- oder Orangensaft
Vanillerum oder Vanillegewürz
150 g fein gem. Haselnüsse
250 g Weizenvollkornmehl
Eigelb oder
Milch
evtl. Schokostreusel

Nußkuchen 221

Zutaten in der genannten Reihenfolge verrühren. Guglhupfform fetten und mit geriebenen Haselnüssen ausstreuen. Teig einfüllen. 45 Minuten bei 180 Grad backen.

200 g Butter
200 g Honig
4 Eier
250 g Weizenvollkornmehl
2 EL Kakao
150 g geriebene Haselnüsse
1 Pck. Backpulver
etwas geriebene Haselnüsse für
die Form

222 Nußtorte

5 Eier
5 EL Honig
150 g geriebene Haselnüsse
150 g Weizenvollkornmehl
1/8 l Wasser
1/8 l kaltgeschlagenes Öl
1 EL Rum
Vanillegewürz, Zimt, Piment
1–2 EL Kakao

Füllung:
3/8 l Sahne, Honig
rote Johannisbeeren

Eigelb und Honig schaumig rühren, das Wasser (Zimmertemperatur) langsam und das Öl tropfenweise unterrühren, alle übrigen Zutaten ebenfalls, das Mehl und den steifen Eischnee zum Schluß abwechselnd vorsichtig unterheben.
In eine gefettete, mit Semmelbröseln ausgestreute Tortenform füllen. Im nicht vorgeheizten Ofen bei 180 Grad ca. 50–60 Minuten backen. Torte abkühlen lassen, 1–2mal durchschneiden. Mit Rum beträufeln. Die Sahne steif schlagen, mit Honig süßen.
Rote Johannisbeeren pürieren, unter die Sahne ziehen. Die Torte damit füllen und garnieren.

223 Nußscheiben

500 g Weizenvollkornmehl
300 g Butter, 200 g Honig
150 g fein gemahlene Nüsse
6 EL Sahne
1/2 TL Vanillegewürz
1 geh. TL Backpulver
1 MS Vollmeersalz
gemahlene Nüsse zum Wälzen

Alle Zutaten verkneten, eine Rolle von ca. 6 cm Durchmesser formen. 30 Minuten in den Kühlschrank stellen. Ca. 6–7 mm dicke Scheiben schneiden, in gemahlenen Nüssen wälzen, auf ungefettetes Blech setzen. 20 Minuten bei 190 Grad backen.
Anstelle von Nüssen können auch Mandeln verwendet werden.

224 Obstboden mit Sahne

250 g Weizenvollkornmehl
150 g Butter
1/2 Tasse Sahne
3 EL Honig
1 MS Vollmeersalz
1 TL Backpulver

Alle Zutaten schnell verkneten und kalt stellen. Dann ausrollen und in gefettete Springform legen. Mit Zwetschgen, Äpfeln, Johannisbeeren oder anderem Obst belegen. Mit gehackten Nüssen oder Mandeln bestreuen. Ca. 30 Minuten bei 180 Grad backen.

Rührteig

Eignet sich als Tortenboden oder als Grundteig mit beliebig zu variierendem Belag.

Butter, Eier und Honig schaumig rühren. Das mit Backpulver gemischte Mehl unterrühren. Springform fetten, mit geriebenen Haselnüssen oder Semmelmehl ausstreuen. Teig einfüllen und bei 150–170 Grad 45 Minuten backen.

Kuchen nach dem Abkühlen aus der Form nehmen. Mit Erdbeeren, Kirschen o.ä. Obst belegen und mit Schlagsahne verzieren, die nach Geschmack mit Honig gesüßt wird.

Andere Variationen: Kuchenteig vor dem Backen mit Apfelschnitzen, Rosinen, grob gemahlenen Haselnüssen belegen, mit Zimt bestreuen und mit Honig beträufeln, dann backen. Schmeckt auch vorzüglich, wenn er mit Zwetschgen belegt wird.

150 g Weizenvollkornmehl
100 g Butter
2 Eier
2 gehäufte EL Honig
1 TL Backpulver

Streuselkuchen

Hefe in Flüssigkeit auflösen, Butter flüssig machen und mit allen anderen Zutaten verkneten. Sofort mit nassen Händen auf Backblech streichen.

Für den Streusel alle Zutaten mit einer Gabel zerdrücken, bis feste Krümel entstehen. Die Butter sollte nicht zu weich sein. Evtl. noch etwas Mehl hinzufügen.

Auf vorbereiteten Teig krümeln. Bei 180–200 Grad 30–40 Minuten backen.

Dem Streusel können gehackte Mandeln oder Nüsse zugefügt werden.

500 g Weizenvollkornmehl
1 Würfel Hefe
1/2 Tasse Wasser oder Sahne
3 EL Honig
1 MS Vollmeersalz
200 g Butter

Streusel:
300 g Weizenvollkornmehl
3 gehäufte EL Honig
ca. 100 g Butter
1 TL Vanillegewürz oder Zimt

227 Topfkuchen

240 g Butter
200 g Honig
4 Eier
300 g Weizenvollkornmehl
2 Tassen Sahne und Wasser,
halb und halb
1 Pck. Backpulver
Zitronenschale
1 TL Vanillegewürz

Butter, Honig und Eier schaumig rühren. Dann das Mehl mit dem Backpulver und der Flüssigkeit unterheben. Die abgeriebene Schale einer Zitrone (unbehandelt) und das Vanillegewürz runden den Geschmack ab.
Alternative: Die Hälfte des Teigs kann mit 2 EL Kakao gemischt und schichtweise in eine gefettete Guglhupfform gefüllt werden. Oder den Kakao weglassen und dafür 125 g Weinbeeren in den Teig rühren.
Wenn die gefettete Form mit geriebenen Haselnüssen oder Semmelbröseln ausgestreut wird, läßt sich der Kuchen besonders gut stürzen. Backzeit 1 Stunde bei 175 Grad.

228 Vanillekekse

350 g Mehl
120 g Honig
50 g Butter, 2 Eier
2 MS Vanillegewürz
1/2 TL Backpulver

Butter und Honig gut verrühren. Alle anderen Zutaten unterkneten. Teig kalt stellen, in kleinen Mengen ausrollen. Formen ausstechen. Bei 200 Grad 15 Minuten backen.

229 Waffeln

125 g Butter, 4 Eier
200 g Weizenvollkornmehl
1/4 l Sahne und Wasser,
halb und halb
1 Prise Vollmeersalz
auf Wunsch Vanille, Zimt
oder Delifrut als Gewürz

Butter schaumig rühren, Eier trennen und Eigelb zur Butter geben. Vollkornmehl und Flüssigkeit abwechselnd unterrühren. Eischnee zum Schluß unterziehen. Im Waffeleisen backen.

Vollkornrosen 230

Aus diesen Zutaten einen geschmeidigen, festen Hefeteig bereiten, ca. 50 Minuten Ruhezeit gönnen.

Rosinen, Aprikosen, zerkleinerte Mandeln in den 4 EL Rum ziehen lassen.

Den durchgegorenen Teigling nochmals gründlich kneten, mit dem Rollholz zu einem großen Rechteck ausrollen. Diese Teigplatte mit der zerlassenen Butter bestreichen, darauf die getränkten Trockenfrüchte verteilen. Die Platte von der langen Seite her aufrollen (möglichst dicht). Diese Rolle in 12 oder mehr gleich breite Scheiben schneiden, vielleicht 5–6 cm. Sie haben inzwischen die ausgefettete Springform bereitgestellt. Nun erfassen Sie nacheinander jede Scheibe mit der linken Hand in waagerechter Haltung. Mit dem rechten Daumen drücken Sie von unten nach oben das Innere der Teigscheibe vorsichtig heraus. Mit einiger Phantasie könnte die Ähnlichkeit mit einer Rose ausgemacht werden. Von der Mitte beginnend setzen Sie die »Rosen« im Kreis Reihe um Reihe in die Springform, eine Form mit 28 cm Durchmesser nimmt im allgemeinen die gesamte Menge auf. Jetzt nochmals 20 Minuten Ruhezeit. In den kalten Ofen schieben, bei 200 Grad ungefähr 35 Minuten auf mittlerer Schiene backen. Mit Papier abdecken.

800 g Weizenvollkornmehl
3/8 l Sahne und Wasser
30 g Hefe
80 g Honig
75 g Butter
Schale 1 Zitrone

Füllung:
40 g Butter
200 g Rosinen
125 g ungeschwefelte Aprikosen
125 g Mandeln
4 EL Rum

231

Hefe-Weizenvollkornbrötchen
Schnelles, sicheres Rezept für 1 Backblech

500 g frisch gemahlener Weizen, Feinstufe
350 ml Leitungswasser
30 g Hefe
1 geh. TL Salz
etwas Weizenschrot als Streumehl

Weizenvollkornmehl und Wasser genau wiegen (Meß-becher haben im allgemeinen zu große Toleranzen); in einer großen Schüssel Wasser, Salz und zerbröckelte Hefe verrühren, Vollkornmehl hinzugeben, alles zu einem festen, jedoch elastischen Hefekloß kneten, das kann per Hand ca. 6 bis 10 Minuten dauern.

Kneten Sie in der Schüssel, sind Sie nicht versucht, am Anfang, wenn sich der Teig weich und klebrig zeigt, zusätz-lich Streumehl zuzugeben. Während des Knetens merken Sie sehr bald, daß der Teig durch den Quellvorgang an Festigkeit zunimmt.

Knetmethode: Mit einer Hand den Kloß stets von oben nach unten und gleichzeitig von außen nach innen arbeiten, diese Form hat sich bewährt, und es bleibt Ihnen stets eine saubere Hand frei.

Nach dem Kneten gönnen wir dem Teigling eine erste Teig-ruhezeit von 15–20 Minuten gut zugedeckt in der Schüssel. Das Geschirrtuch allein genügt nicht, sondern eine Folie (Frischhaltebeutel aufgeschnitten) soll verhindern, daß die Teighaut austrocknet und dadurch den Gärvorgang stört. E-Herd auf 250 Grad vorheizen; ein Gefäß mit heißem Wasser in den Ofen setzen für Schwadenbildung.

Nach der Ruhezeit kneten wir den Kloß noch einmal gründlich durch, teilen ihn in 4 Partien, formen daraus 4 Stränge und daraus jeweils 4 oder 5 Teile, so daß 16 oder 20 Brötchen entstehen. Das Ausschleifen von Brötchen kann so gehen: Sie bewegen einen Teigling auf der Arbeitsplatte mit Ihrer Handfläche sehr schnell kreisend gegen den Uhrzeiger. Drücken Sie dabei den Teigling sehr fest auf die Arbeitsplatte. Sie merken bald, wie sich der Teigling mit-dreht. Formen Sie mit der Hand ein Körbchen, und der dar-in mitrollende Teigling wird zum runden Brötchen. Setzen Sie die Brötchen mit Abstand gleichmäßig auf ein gefettetes Backblech. Geht Ihnen das Brötchenrollen schließlich

schnell von der Hand (2 Stück in 3 Sekunden!) bzw. den Händen, müßten Sie den Teiglingen auf dem Blech – wieder gut zugedeckt – noch eine zweite Teigruhezeit gönnen (ca. 5–8 Min.). Am Anfang dauert das Ausformen so lange, daß Sie sofort den nächsten Schritt machen: die Teighaut mit kaltem Wasser, kalter Milch, kaltem Tee oder Kaffee (gibt mehr Bräune) abpinseln, Teighaut einschneiden. Inzwischen sollte das Wasser im Backofen kochen und ausreichend Schwaden geben; »schießen« Sie das Blech 2. Schiene von oben ein, Tür schnell wieder schließen.
Backen: ca. 25 Minuten, 250 Grad, die Schwaden wirken die gesamte Backzeit ein. Das Ergebnis sollten knusprige, gut aufgegangene Weizenvollkornbrötchen sein, die etwas rustikal aussehen (mit dem Einschnitt = ausgebundene Brötchen), vorzüglich schmecken und ausgezeichnet bekommen.

Woran erkennt man ein Vollkornbrot?

Leider gar nicht. Ein Brot aus Auszugsmehl kann mit Malzextrakt oder anderen Stoffen dunkel gefärbt sein, es kann einige Getreidekörner enthalten, so daß es aussieht wie ein Vollkornbrot – und es ist trotzdem keines.
Andererseits kann »echtes« Vollkornbrot so fein gemahlenes Mehl enthalten, daß Sie es möglicherweise für ein Graubrot halten.
Fragen Sie den Bäcker Ihres Vertrauens, ob er das Getreide selbst mahlt und mit Natursauer aus vollem Korn zu echtem Vollkornbrot verbackt.
Noch besser: Sie mahlen und backen selbst.

Brötchen-Variationen

*Wie Rezept 231,
sowie Mohn, Sesam,
Kümmel oder Leinsaat*

a) Mohnbrötchen

Geben Sie auf die mit Wasser o.ä. bepinselten Teiglinge Sesam oder Mohn oder Kümmel oder Leinsaat, so können Sie spielend aus einem Teig mehrere Brötchensorten herstellen (so entstehen ja auch unsere etwa 200 Brotsorten). *Fettzugabe* zum Teig erst nach ca. 1–2 Minuten Knetzeit. Fügen Sie von Anfang an dem Teig 125 g Rosinen zu, so haben Sie am Ende Rosinenbrötchen gebacken.

Brote: Statt Brötchen könnten Sie ein Brot ausformen, das im ausgebackenen Zustand ca. 750–800 g wiegen wird. *Verdoppeln* Sie alle Zutaten, so nutzen Sie das Haushaltsbackblech voll aus.

Empfehlung: Nehmen Sie vor dem Ausformen der Brote ein wenig Teig ab, aus dem Sie 2, 3 oder 4 Brötchen formen, die dort plaziert werden, wo beim Brotbacken freie Stellen auf dem Blech entstehen.

Backen: ca. 25 Minuten bei 250 Grad mit Schwadeneinwirkung, dann sollte das Gefäß herausgenommen werden (und jetzt wären auch die 3–4 Brötchen fertig), auf 225 Grad schalten und Brote noch etwa 10 Minuten zu Ende backen lassen. Die exakte Backzeit ist nicht angegeben, weil die Herde zu unterschiedlich heizen und weil die Backzeit auch von der Größe der Brote abhängt.

Klopfprobe: An die Unterseite des Brotes klopfen, klingt es hohl, ist das Brot gar. Es soll gut aufgegangen sein, eine feste, jedoch nicht brettharte Kruste, eine mittelbraune Farbe haben.

PS: Die zweite Teigruhezeit machen Brotlaibe anfänglich besser in sog. Brotkörbchen, dann auch wieder zugedeckt, durch. Sie gären darin gut, behalten ihre Form und lassen sich nach der Ruhezeit leicht auf das Backblech kippen.

Selbstverständlich könnten Sie die Teige auch mit einem Handrührgerät (Knethaken) oder einer Küchenmaschine kneten. Handrührgeräte müssen in 2 Etappen eingesetzt werden, um die Geräte nicht zu überlasten. Sind Küchenmaschinen nicht sehr leistungsstark, quälen sie sich mit den zähen Vollkornteigen und arbeiten am Rande ihrer Kraft. Sie übertragen dann leicht die Maschinenwärme auf den Teig, dieser wird zu warm, bekommt schnell sog. Übergare, wird weich, schlecht handhabbar mit weniger guten Ergebnissen.

b) Pflaumen-Apfel-Brötchen

Arbeitsweise wie vorstehend beschrieben; Mandeln, Äpfel mit Schalen grob raffeln, Backpflaumen (nicht einweichen!) im Mixer pürieren oder mit einem scharfen Messer ganz fein schneiden. Diese Zutaten mit in den Teig einarbeiten.

Teiglinge so ausformen, als wollten Sie Brote backen, nur eben klein, als Doppelbrötchen. Die ovale Form läßt dann auch drei schräge Einschnitte in die Teighaut zu, so daß tatsächlich »kleine Brote« ausgebacken werden. Die Menge reicht ungefähr für ein Blech.

Mit Schwaden die ganze Zeit, d.h. ca. 30–35 Minuten backen lassen.

Die Brötchen sind mehrere Tage lagerfähig und können zum Beispiel ohne Aufstrich als Schulbrot mitgegeben werden.

700 g Weizenvollkornmehl
40 g Hefe
10 g Salz
400 ml Wasser
75 g Mandeln
2 Äpfel (Boskop!)
10–12 Backpflaumen

211

c) Nußbrötchen

500 g Weizenvollkornmehl
400 ml Wasser
30 g Hefe
10 g Salz
125 g Rosinen
150 g fein gem. Haselnüsse
50 g fein gem. Mandeln
1/4 TL Vanillegewürz

Arbeitsweise wie vorstehend für Weizenvollkornbrötchen. Die Menge reicht für 16–20 Brötchen. Diese Brötchen können eine Köstlichkeit sein. Erst nach 2–3 Tagen haben sie ihren höchsten Wohlgeschmack erreicht. Sie können sie ungefähr eine Woche lang lagern.

d) Sonntagsbrötchen

500 g Weizenvollkornmehl
350 g Sahne und Wasser,
halb und halb
30 g Hefe
5 g Salz
30 g Butter
125 g Rosinen

Arbeitsweise wie vorstehend für Weizenvollkornbrötchen. Butter erst dem Teig zugeben, wenn die anderen Zutaten gut vermengt sind.

e) Leinsamenbrötchen

500 g Weizenvollkornmehl
400 g Wasser
30 g Hefe
10 g Salz
125 g frisch geschroteter
Leinsamen

Arbeitsweise wie vorstehend für Weizenvollkornbrötchen.

Merke: Auch dieses kann Bauchschmerzen hervorrufen!

212

Ist Vollkornbrot schwer verträglich?

Dr. M.O. Bruker ist der erste Arzt, der im Bereich der Diätetik die Entdeckung machte, daß die Verträglichkeit von Vollkornbrot, rohem Obst und rohem Gemüse von der *Abwesenheit* von Fabrikzucker abhängig ist. Diese Entdeckung macht auch deutlich, warum sich die hervorragende Heilkost von Bircher-Benner nicht besser durchgesetzt hat. Es wurde nicht erkannt, wie wichtig es ist, die Speisen richtig zu kombinieren.

Viele anfangs begeisterte Vollwertköstler, auch die, die angeblich noch ganz gesund sind, leiden nach dem Verzehr von Vollkornbrot, Frischkost und Frischkornbrei oftmals unter Völlegefühl, Aufstoßen, Schmerzen und anderen Unpäßlichkeiten, die von ihnen als Blähungen bezeichnet werden.

Dr. Bruker beobachtete im Laufe von 40 Jahren an mehr als 30 000 Patienten, daß Fabrikzucker – aber auch Säfte und gekochtes Obst – nicht in den Rahmen einer vitalstofffreien Vollwertkost passen, da sie notwendige Speisen wie Frischkornbrei unverträglich machen.

Wenn also jemand klagt, daß er Vollkornbrot schlecht verträgt, müßte man fragen: Im Rahmen einer derzeitigen Gesamt-Kostform verträgt er Vollkornbrot nicht – was hat er also falsch gemacht?

Besonders der Leber-, Galle-, Magen-, Darm- und Bauchspeicheldrüsenempfindliche sollte alle Fabrikzuckerarten, Säfte und gekochtes Obst meiden und eventuell auch – für eine begrenzte Zeit von etwa 4 Wochen – Honig. Dann verträgt er auch die Vollwertkost, wenn die Ursache für seine Beschwerden nicht in Lebensproblemen liegt.

232   *Hefe-Weizenvollkornbrot*

1000 g Weizenvollkornmehl
60 g Hefe
20 g Salz
700 ml Wasser

Alle Teile gründlich verkneten. Die Menge reicht für 2 Brote.
1. Teigruhe in der Schüssel: 15–20 Minuten.
2. Teigruhe als Brotlaibe in Brotkörbchen oder auf dem Blech: ca. 10 Minuten.
Backen: insgesamt ca. 35–45 Minuten, davon 20 Minuten mit Schwaden bei 250 Grad; restliche Zeit ohne Schwaden bei 200 Grad.

233   *Kräuterbrot*

1000 g Weizenvollkornmehl
60 g Hefe
20 g Salz
700 ml Wasser
60 g Butter
3 geh. EL Kräuter, kunterbunt
(auch Wildkräuter)

Alle Teile zu einem festen, elastischen Teig kneten. Bitte beachten: alles Fett erst nach 1–2 Minuten Knetzeit zugeben. Lange Teigführung ist vorteilhaft.
1. Teigruhezeit in der Schüssel: 30 Minuten gut bedeckt.
2. Teigruhezeit in der Schüssel: 30 Minuten gut bedeckt.
3. Teigruhezeit im Kasten bzw. als Laibe auf dem Blech: 20 Minuten gut bedeckt.
Zwischen den Ruhezeiten kurz, jedoch kräftig durcharbeiten.
Die Menge reicht für 2 Brote. Sie können das Brot im Kasten oder freigeschoben backen.
Backen in der Form: 25 Minuten mit Schwaden bei 275 Grad. Schwadengefäß herausnehmen, dabei Backlinge sehr vorsichtig aus den Formen stürzen und auf dem Rost die restliche Zeit von 20–25 Minuten ausbacken. Klopfprobe machen.
Backen auf dem Blech: 20 Minuten mit Schwaden bei 250 Grad; dann ohne Schwaden ca. 20 Minuten bei 200 Grad. Brote dieses Rezeptes lassen sich am nächsten Tag besser schneiden.

Schusterjungs (Roggenmischbrötchen) 234

Sauerteig-Extrakt ist ein Granulat von Reinzucht-Sauerteig (vereinfacht: es verhält sich wie die Trocken- zur Frisch-hefe), das die Teiglockerung von Roggen ohne Vorsäue-rung ermöglicht und aromatisch schmeckt.
Bei der Herstellung von Sauerteig-Extrakt verdampft die Essigsäure. Es ist ratsam, pro Kilogramm Mehlmenge 1 EL Essig zuzufügen.
Alle Zutaten werden wie zu einem Hefeteig verarbeitet. Der Sauerteig-Extrakt muß trocken ins Mehl gemischt werden.
Der Teig ist klebriger als reine Weizenteige.
Eine Rolle formen und von der Teigrolle Teiglinge ab-schneiden. Diese Teiglinge können Sie auf einem Blech anordnen. Mehlig lassen.
Der Teig muß zweimal ruhen: zuerst 30 Minuten in der Schüssel, dann 12–15 Minuten auf dem Blech.
Die Teiglinge werden bei 250 Grad ungefähr 25–30 Minu-ten gebacken. Stellen Sie eine flache Schüssel mit Wasser in den Ofen.

400 g Roggenvollkornmehl
250 g Weizenvollkornmehl
20 g Hefe
20 g Sauerteig-Extrakt
13 g Salz
450 ml Wasser

Tip

Wenn Sie einmal das eingeweichte Getreide des Frischkornbreis nicht zubereitet haben – werfen Sie es nicht weg. In ein hohes Einmachglas füllen, bei Zimmer-temperatur stehen lassen, am nächsten Tag wieder etwas gemahlenes Getreide (am besten Weizen) mit warmem Wasser zugeben und stehen lassen. Nach weiteren 24 Stunden haben Sie einen duftenden Sauerteig zum Brot-backen!

Wenn ich's doch könnte...

Die Seele in den Himmel hängen,
das wollte ich schon lange tun.
Ganz leicht und frei von allen Zwängen.
Ohne Arbeit, um zu ruhn
würde ich durch Wolken fliegen,
die so blau wie heute sind.
Ärger, Sorgen bleiben liegen,
erlaubt ist nur ein leichter Wind.

So nah wie möglich hin zur Sonne
würde ich am liebsten ziehn,
wo Falter fliegen und mit Wonne
bunte Sommerblumen blühn.

Wenn es so wäre, wie ich meine,
käme ich nicht mehr zurück.
Seele an der langen Leine
träumt manchmal von diesem Glück.

235 Zwieback

500 g Weizenvollkornmehl
280 ml Wasser
30 g Hefe
50 g Honig
50 g Butter
10 g Salz
1 MS Vanillegewürz
Schale einer Zitrone

Alle Zutaten zu einem festen, geschmeidigen Teig kneten (Hefeteig), dem Teig zweimal ca. 30 Minuten Ruhe gönnen. Dazu stets gut zudecken mit Folie und Geschirrtuch.
Zwei lange Stränge formen, davon Partien abteilen, etwa in der Form von Dia-Magazinen. Mit Abstand auf das gefettete Backblech setzen, noch 10 Minuten ruhen lassen.
Eigelb und kalten Kaffee verrühren und Teig damit bestreichen. In den kalten Ofen geben, bei 225 Grad ohne Schwaden etwa 25–30 Minuten backen. Über Nacht stehen lassen, am nächsten Tag in dicke Scheiben schneiden, diese Scheiben flach auf ein Blech legen und bei 200 Grad rösten.

Rosinenbrot

Alle Teile gut miteinander verkneten, Rosinen in die Flüssigkeit geben, die ganze Zeit mitkneten.
1. Teigruhe in der Schüssel: 15–20 Minuten.
2. Teigruhe in Brotkörbchen oder auf dem Blech: 10 Minuten.
Backen: ca. 35–45 Minuten insgesamt, davon 20 Minuten mit Schwaden bei 250 Grad; restliche Zeit ohne Schwaden bei 200 Grad ausbacken (Klopfprobe machen!).
Die Menge reicht für 2 Brote.

1000 g Weizenvollkornmehl
60 g Hefe
15 g Salz
350 ml Wasser und Sahne,
halb und halb
350 ml Wasser
250 g Rosinen

Feines Hefegebäck

In die kalte Flüssigkeit die Hefe bröckeln, Salz zugeben. Weizenvollkornmehl einarbeiten. Haben sich alle Teile gut verbunden, erst dann die weiche Butter einkneten. Das ergibt schließlich einen elastischen Teig, den Sie mit dem Rollholz ohne Streumehl bearbeiten können.
Geben Sie dem Teig 3–4mal Ruhezeiten mit zwischenzeitlichem Durchkneten; Sie werden belohnt mit fabelhaft lockerem Gebäck. Eine große Brezen oder ein großer Zopf geben ein dekoratives Gebäck ab. Gründlich mit Eigelb bepinseln.
Bei 225 Grad ohne Schwaden goldbraun backen; das kann 50 Minuten dauern. Unter Umständen Oberfläche mit Pergamentpapier schützen.

1000 g Weizenvollkornmehl
20 g Hefe
10 g Salz
550 ml Sahne und Wasser,
halb und halb
175 g Butter

Hinweis: Sauerteig-Extrakt führten Reformhäuser und Naturkostläden.

238   *Zwiebel-Käse-Fladen*

1000 g Weizenvollkornmehl
40 g Hefe
650 ml Wasser
10–12 g Salz
200 g Hartkäse
3 große Zwiebeln
etwas Öl

Die Zwiebeln schälen, in sehr dünne Scheiben schneiden, in Öl goldbraun rösten, aus dem Fettbad heben, erkalten lassen – dann sind sie knusprig. Hefeteig bereiten, zum Schluß den klein gewürfelten Käse und die gerösteten Zwiebeln einarbeiten. Der Teig kann etwas weicher sein (soll ja Fladen werden).
Geben Sie ihm bitte 2–3mal 30 Minuten Ruhezeit. Dazwischen gut durcharbeiten. Es soll ein großes Brot geformt werden, das ruhig auf dem Blech auseinanderlaufen kann. Nochmals gut zugedeckt 20 Minuten Teigruhe. Die Teighaut gut einpinseln.
In den kalten Ofen, 2. Schiene von unten, geben, 15 Minuten backen bei 250 Grad, 30–35 Minuten bei 225 Grad. Das Brot kann warm gegessen werden. Sie können es auch mit Butter zu einem Glas Wein reichen.
Variante: Sie formen 15 kleine Teiglinge, legen einen davon in die Mitte und reihen die anderen rundherum auf.

239   *Weizen-Mischbrot*

700 g Weizenvollkornmehl
300 g Roggenvollkornmehl
20 g Salz
30 g Hefe
20 g Sauerteig-Extrakt
700 ml Wasser

Den Teig wie einen Hefe-Weizenteig bereiten (Sauerteig-Extrakt trocken ins Mehl mischen).
1. Teigruhezeit: 30–40 Minuten in der Schüssel, gut bedeckt.
2. Teigruhezeit: 30 Minuten in Brotkörbchen, gut bedeckt.
Backen: 20 Minuten mit Schwaden bei 250 Grad, 25–30 Minuten, je nach Brotgröße, ohne Schwaden bei 225 Grad. Ungefähr 24 Stunden auskühlen lassen, dann läßt sich Brot mit Roggenanteil besser schneiden. Die Menge reicht für 2 Brote.

Weihnachtsbrot 240

Zutaten (ohne Butter und Mandeln) gut verkneten. Ist ein geschmeidiger Kloß entstanden, die Butter und die Mandeln einarbeiten. Der Teig muß glänzen. Gut zugedeckt 1–1 1/2 Stunden Ruhezeit gönnen. Er wird elastischer, wenn Sie ihn in dieser Zeit 2–3 mal durchkneten. Mit Rollholz zu einer dicken rechteckigen Platte rollen. Bricht der Teig an den Rändern, wieder zusammenschlagen und neu ausrollen. Schließlich aus dem Rechteck einen Stollen einschlagen, auf gefettetes Blech geben, gut zugedeckt 30 Minuten ruhen lassen. Danach Teighaut mit Eigelb einpinseln, einige Mandelsplitter aufstreuen. In den kalten Ofen geben, bei 200 Grad etwa 50–60 Minuten backen. Die ersten 10–15 Minuten einen Löffelstiel in die Ofentür stecken, dann gibt es eine glänzende Oberfläche. Die letzten 10–15 Minuten mit Papier abdecken, damit das Brot goldbraun bleibt. Nach dem Auskühlen zum Reifen in Cellophan oder Alufolie einpacken.

1000 g Weizenvollkornmehl
40 g Hefe
5 g Salz
250 ml Sahne und Wasser, halb und halb
2 Eier
250 g Quark
150 g Honig
Schale und Saft 1 Zitrone
250 g Sultaninen
150 g Butter
200 g gemahlene Mandeln
Eigelb zum Bestreichen

Überraschungsbrötchen 241

Nach Grundrezept Nr. 231 (Weizenvollkornbrötchen) einen Hefeteig bereiten. Butter zum Schluß zugeben. Backpflaumen 2–3 Stunden einweichen. Lange Teigführung wählen, das Ergebnis wird dann besser.
20 Teiglinge abteilen, jeweils eine kleine Rolle formen, diese mit dem Handballen flachdrücken. Backpflaume auflegen (oder anderes Trockenobst), dann das Teil mit Hilfe eines Schabers von der Schmalseite her zügig aufrollen (sieht aus wie ein kleines Tönnchen). Nicht vergessen, den Pflaumenkern zu entfernen.
Zur Verfeinerung Obst in Mandeln/Nüssen wälzen.

650 g Weizenvollkornmehl
400 ml Wasser
1/2 TL Salz
50 g Honig
60 g Butter
20 Backpflaumen

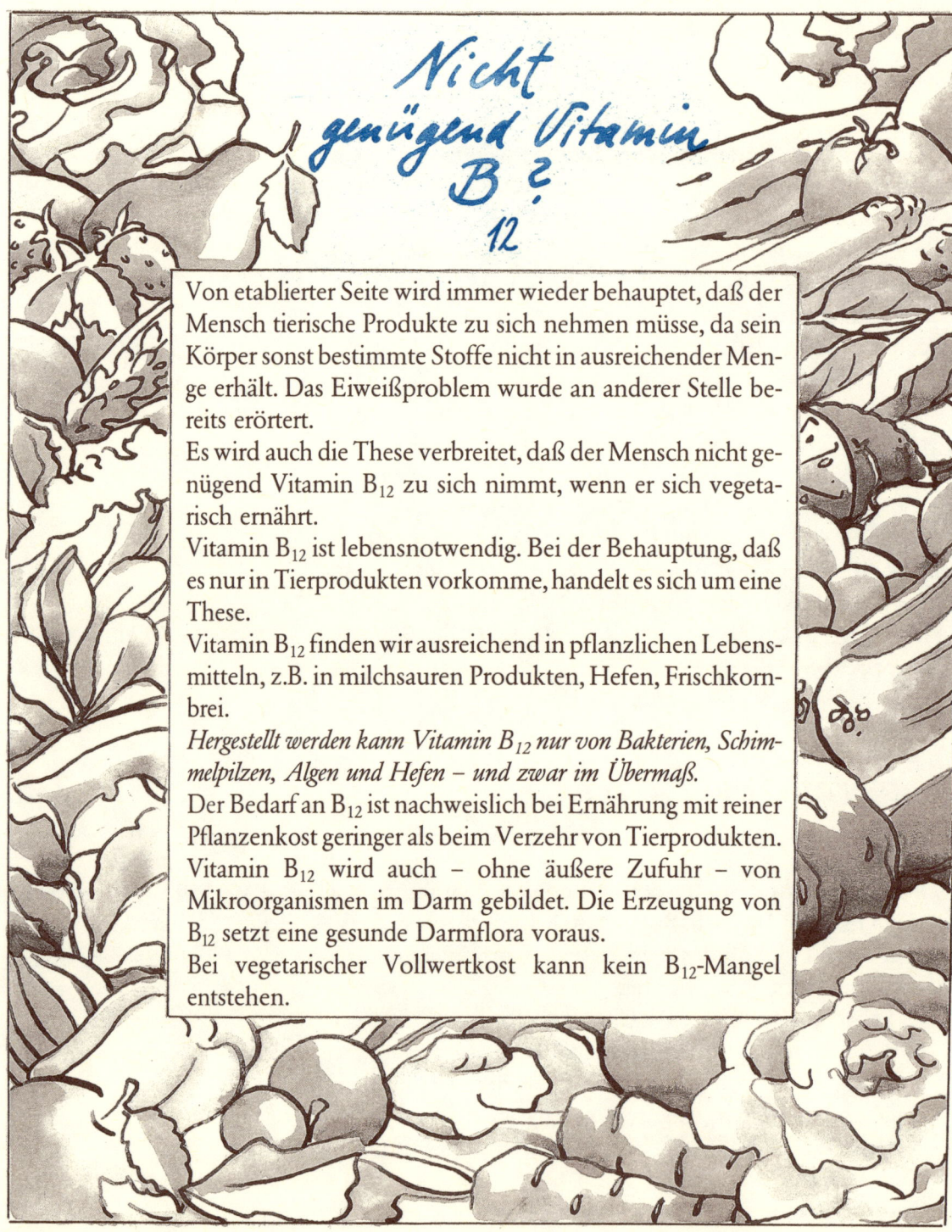

Nicht genügend Vitamin B_{12}?

Von etablierter Seite wird immer wieder behauptet, daß der Mensch tierische Produkte zu sich nehmen müsse, da sein Körper sonst bestimmte Stoffe nicht in ausreichender Menge erhält. Das Eiweißproblem wurde an anderer Stelle bereits erörtert.

Es wird auch die These verbreitet, daß der Mensch nicht genügend Vitamin B_{12} zu sich nimmt, wenn er sich vegetarisch ernährt.

Vitamin B_{12} ist lebensnotwendig. Bei der Behauptung, daß es nur in Tierprodukten vorkomme, handelt es sich um eine These.

Vitamin B_{12} finden wir ausreichend in pflanzlichen Lebensmitteln, z.B. in milchsauren Produkten, Hefen, Frischkornbrei.

Hergestellt werden kann Vitamin B_{12} nur von Bakterien, Schimmelpilzen, Algen und Hefen – und zwar im Übermaß.

Der Bedarf an B_{12} ist nachweislich bei Ernährung mit reiner Pflanzenkost geringer als beim Verzehr von Tierprodukten. Vitamin B_{12} wird auch – ohne äußere Zufuhr – von Mikroorganismen im Darm gebildet. Die Erzeugung von B_{12} setzt eine gesunde Darmflora voraus.

Bei vegetarischer Vollwertkost kann kein B_{12}-Mangel entstehen.

220

Juttas Brötchenrezept* 242

Mit Handmixer oder Küchenmaschine alle Zutaten so lange kneten, bis sich der Teig von der Schüssel löst. Es kann ruhig etwas mehr Butter als angegeben verwendet werden. Sofort mit einem Löffel Häufchen aufs Blech setzen und an warmem Ort bedeckt gehen lassen – ca. 20–30 Minuten. Dann auf mittlerer Schiene 25–35 Minuten bei ca. 200 Grad im vorgeheizten Ofen backen.

325 ml Sahne und Wasser, halb und halb
100 g Butter
450 g Weizenvollkornmehl
50 g Weizenschrot
1 Handvoll geriebene Nüsse
1 TL Vollmeersalz
40 g Frischhefe oder
1 Pck. Trockenhefe

Fladenbrot 243

Alle Zutaten verkneten, 10 Minuten ruhen lassen. Kleine Teigstücke auf gefettetem Blech flach ausrollen, im vorgeheizten Ofen bei 250 Grad 10–15 Minuten backen.

500 g Weizenvollkornmehl
1 TL Vollmeersalz
5–6 EL Sonnenblumenöl
Sesam nach Geschmack
300 ml Wasser

* Für besonders Eilige!

Glück

Was ist denn Glück? Wie soll ich fühlen?
Ja, wenn das doch so einfach wär'.
Soll ich dann in Gefühlen wühlen?
Schwimm ich vor Glück im Liebesmeer?

Find ich das Glück ganz in der Stille?
Geh ich ins laute Menschenheer?
Nehm ich die Muntermacherpille?
Ist Glück, wenn ich Salat verzehr?

Das Glück, das ist so schwer zu haschen.
Grad eben war es doch noch da.
Schnell fällt es durch die Lebensmaschen,
obwohl mir gar nicht danach war.

Für mich ist Glück, geliebt zu werden,
egal wie ich geh, steh und bin.
Und andere auf dieser Erden
froh zu machen seh ich Sinn.

Glück ist, die Morgensonne sehen,
froh in der Sauna sitzen, schwitzen.
Glück ist, daß andre mich verstehen,
Glück ist auch, neben Dir zu sitzen.

Das Glück, das kommt und geht wie Wellen.
Wenn es mal da ist, halt es fest.
Laß es doch rein in alle Zellen,
bevor es davon ist, auf und weg!

Keine Angst vor Schimmelpilzen!

Auch vor dem Verzehr von verschimmelten Nahrungsmitteln wird ständig gewarnt. Es ist selbstverständlich, daß
es niemand darauf anlegt, verschimmelte Lebensmittel auf
den Tisch zu bringen. Übertriebene und unberechtigte
Angst wird allerdings erzeugt, wenn Zeitungsmeldungen
dazu auffordern, ganze Brote wegzuwerfen, wenn sich an
einer Ecke ein Schimmelfleck zeigt.

Gewarnt wird vor den darin möglicherweise vorkommenden Aflatoxinen, die zu den krebserzeugenden Substanzen
zählen. Die meisten Schimmelarten sind harmlos und be-
deuten für die Gesundheit keine Gefahr. Aflatoxine entstehen so gut wie nie im Brot. Sie finden sich z.B. in verdorbe-
nen Nüssen (Paranüssen), die aber so schlecht schmecken,
daß sie niemand absichtlich verzehren wird.

Krebs entsteht nicht allein durch Aflatoxine, sondern aus-
schlaggebend sind eine Reihe anderer Komponenten.

Es kann auch hier nur wieder betont werden, daß Unwe-
sentliches hochgespielt wird, um von den wesentlichen
Dingen abzulenken. Die Menschheit ist heute nicht von
Aflatoxinen bedroht, sondern von der Zerstörung der
Umwelt und von Atomkatastrophen wie Tschernobyl, die
unabsehbare Auswirkungen für die gesamte Bevölkerung
und alles Leben auf dieser Erde haben.

244   *Früchtebrot*

6 Eier
2 EL Honig
250 g Feigen
250 g Nüsse
250 g Mandeln
250 g Orangeat oder Zitronat
500 g Rosinen
3–4 EL Weizenvollkornmehl
1 Pck. Backpulver
Zimt nach Geschmack
Vanillegewürz nach Geschmack
Rum nach Geschmack
1 Prise Salz

Eier und Honig sehr schaumig schlagen. Nüsse, Mandeln, Orangeat und Zitronat, Rosinen zerkleinern und mit dem Mehl, Backpulver und den Gewürzen unterheben. Bei 175 Grad 1 Stunde backen. Nach halber Backzeit mit Alufolie bedecken.
Die Menge reicht für 2 Kastenformen.

245   *Kräuterbutter*

1 EL gehackte Kräuter
für 125 g Butter

Verschiedene Küchen- und Wildkräuter werden fein gehackt und unter die weiche Butter gemischt.
Einzeln oder in Kombination eignen sich: Schnittlauch, Dill, Petersilie kraus und glatt, Sellerieblatt, Borretsch, Estragon, Salbei, Basilikum, Zitronenmelisse. Wildkräuter blattweise: Spitz- und Breitwegerich, Löwenzahn, Sauerampfer, Brennesselspitzen, Vogelmiere, Schafgarbe.

Wie sollte Brot aufbewahrt werden?

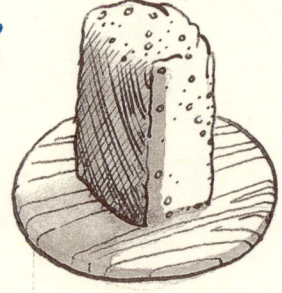

Echtes Vollkornbrot neigt nicht zum schnellen Schimmeln. Dies zur Beruhigung vorweg.
Tonkrüge eignen sich gut zum Aufbewahren. Der »Bäcker-Brottopf« mit Holzdeckel wird auch im Handel angeboten. Der Deckel hat Lüftungsschlitze, die für den notwendigen Sauerstoffaustausch sorgen.
Einfacher Tip: Das Brot mit der Schnittfläche auf ein Holzbrett stellen und mit einem Geschirrtuch oder hohem Gefäß abdecken.

Kräuterquark

Die Packung 40%igen Quark glattrühren, eventuell mit einem EL Öl oder Milch und einer Prise Kräutersalz würzen, die sehr fein geschnittene Zwiebel untermengen. Eine Kräutermischung wie bei »Kräuterbutter« (Rezept Nr. 245) wählen. Maß: etwa 2 EL gehackte Kräuter für 250 g Quarkmasse.

Der Kräuterquark sollte nicht zu weich werden, denn er ist ja als Brotaufstrich gedacht. Wenn Sie wollen, können Sie die Zwiebel (eine rote sieht besser aus) in sehr dünne Scheiben schneiden und diese als Zwiebelringe auf Ihr Brot legen.

250 g Quark (40%)
evtl. 1 EL Öl/Milch
1 Prise Kräutersalz
1 Zwiebel
2 EL gehackte Kräuter

Pikanter Käse-Aufstrich

Die verschiedenartigen Käsereste, die man hier verwerten kann, werden entweder gerieben oder zerdrückt, je nach Beschaffenheit. Dann vermengt man sie mit der fein gehackten Zwiebel, Schnittlauchröllchen und sehr viel anderem fein gehacktem Grünzeug. Öl oder weiche Butter zugeben. Buntere Alternative: Sie können (wahlweise und je nach Geschmack) auch eine kleine Gewürzgurke, einige Kapern, etwas Paprikaschote, 1/2 Knoblauchzehe, einige Stückchen Peperonischote zugeben. Alles sehr fein geschnitten.

Mit Zitronensaft, Curry und Delikata wird der Geschmack abgerundet.

Dieser Käse-Brotaufstrich soll grün aussehen und pastenartig beschaffen sein.

Er paßt auch zu Pell- oder Backkartoffeln oder zu frisch gebackenen Vollkornbrötchen. Noch dazu ist er ja eine Art Resteverwerter.

150–200 g Käse
1 Zwiebel
Schnittlauch
Kräutermischung
1–2 EL Öl/Butter
1 TL Zitronensaft
1 Prise Currypulver
1 Prise Delikata

248   *Herzhafte Käsefüllung*

1 Zwiebel
Öl zum Rösten
125 g Emmentaler
125 g Greyerzerkäse
50 g Edelpilzkäse
1 Ei
2 EL trockener Weißwein
3 EL gehackte Kräuter
Salz

Zunächst die Zwiebel in feine Scheiben schneiden, in Öl knusprige Zwiebelringe rösten, aus dem Öl herausnehmen und erkalten lassen (nur so werden sie knusprig!).
Die verschiedenen Käsearten zerreiben oder zerdrücken, mit Ei, Wein und Kräutersalz sehr pikant abschmecken. Wenn Sie Knoblauch mögen, können Sie noch eine kleine Knoblauchzehe hineindrücken.
Als Kräuter eignen sich: Petersilie, Schnittlauch, Basilikum, ein wenig Thymian, Zitronenmelisse.
Die Kräuter untermengen und die Zwiebelringe daraufstreuen.

249   *Zwiebelbutter*

250 g Butter
2 große Zwiebeln
Öl
Kräutersalz
1 Prise gem. Majoran

Rösten Sie bitte die in feine Streifen (daraus werden ja Ringe) geschnittenen Zwiebeln in Öl oder Butter bei mäßiger Hitzezufuhr goldbraun, heben Sie sie aus dem Fettbad zum Erkalten heraus, dann werden sie knusprig. Im erkalteten Zustand Zwiebelringe und weiche Butter vermengen, mit Kräutersalz und ein wenig Majoran würzen.
Diese Buttermischung kann Schmalz gut ersetzen!

250   *Kräuterbutter mit Zitrone*

125 g Butter
Saft von 1/2 Zitrone
Kräutersalz, Pfeffer
Kerbel, Petersilie,
Schnittlauch

Kräuter sehr fein schneiden, mit Zitronensaft, Salz und Pfeffer mischen. Alles mit Butter verkneten. Kühl stellen.

Champignonbutter 251

Zwiebeln fein würfeln, in wenig Butter glasig dünsten. Fein geschnittene Champignons zugeben. Mit Kräutersalz würzen. Alles im Mixer pürieren. Nach Erkalten mit restlicher Butter mischen. Kühl stellen.

125 g Butter
125 g frische Champignons
1 Zwiebel
Kräutersalz
Saft von 1/2 Zitrone

Französische Nußbutter 252

Kräuter sehr fein schneiden, mit Zitronensaft und Salz mischen. Mit fein gemahlenen Nüssen, Pfeffer und Butter verkneten. Kühl stellen.

125 g Butter
50 g Haselnüsse
Saft von 1/2 Zitrone
Vollmeersalz, Pfeffer
Schnittlauch, Petersilie,
Estragon

Knoblauchbutter 253

Knoblauch pressen, mit Butter und Salz vermischen. Kühl stellen.

125 g Butter
1–2 Knoblauchzehen
Kräutersalz

Tomatenbutter 254

Zutaten verkneten, kühl stellen.

125 g Butter
1 EL Tomatenmark
Kräutersalz, Pfeffer

255 *Süße Haselnußbutter*

125 g Butter
70 g Haselnüsse
1 TL Honig
1 MS Vanillegewürz
1 Prise Zimt
1 frische Feige

Die Haselnüsse fein mahlen, die Feige pürieren. Mit der Butter, mit dem Honig und den Gewürzen mischen. Anschließend kalt stellen.
Alternative: Die fertige Butter zusätzlich mit 1/2 TL Kakao verkneten.

256 *Nußmus*

100 g Haselnüsse
30 g Hafermehl (Nackthafer)
2 EL Honig
1–1 1/2 EL Kakaopulver
2 EL weiche Butter

Haselnüsse in der trockenen Pfanne auf E-Stufe 1 1/2 einige Minuten anrösten, auf ein Tuch geben, gegeneinander reiben, damit soviel Schalen wie möglich abfallen. Geröstete, erkaltete Nüsse sehr fein mahlen. Hafermehl und Kakaopulver vermischen, weiche Butter und Honig zufügen. Aus allen Teilen eine geschmeidige Paste rühren, u.U. etwas Wasser zugeben. Nach kurzer Zeit quillt der Hafer voll aus. Die Lagerdauer dieses Brotaufstriches sollte auf einige Tage begrenzt sein, Reste besser mit ein wenig Weizenvollkornmehl vermengen und als Kleingebäck schnell abbacken.
Hinweis: Bereits am nächsten Tag kann aufbewahrtes Nußmus bitter schmecken, es sind vermutlich Oxidationsprozesse im Hafer. Reste darum besser sofort zu Kleingebäck verarbeiten.

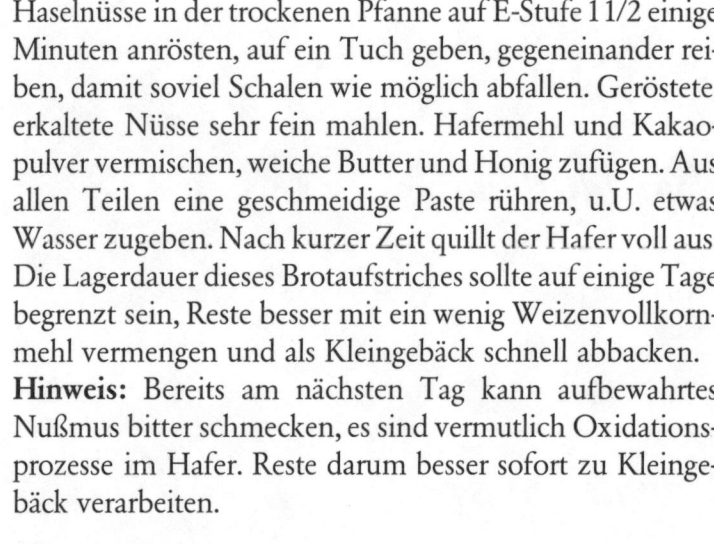

Erdbeerbutter

257

Die Erdbeeren pürieren, gut mit der weichen Butter vermengen. Sind die Früchte sauer, etwas Honig zugeben (am
besten mit den Erdbeeren pürieren).

Diese Erdbeerbutter hilft Ihnen, von Marmelade loszu-
kommen. Sie kann 2–3 Tage in einem geschlossenen Gefäß
im Kühlschrank aufbewahrt werden. Doch kurz nach der
Zubereitung schmeckt sie natürlich am besten, denn später
setzt sie Fruchtwasser ab.

Variationen: Natürlich können Sie auch andere Arten von
Fruchtbutter herstellen. Sie selbst können bestimmen, ob
Butter oder Früchte dominant sein sollen.

Je nach Jahreszeit können Sie Himbeeren, Brombeeren,
Johannisbeeren, Ananas, Orangen, Äpfel usw. verwenden.
Auch mit Trockenfrüchten wie Pflaumen oder Aprikosen
ist die Herstellung möglich. Das Trockenobst wird nicht
eingeweicht, sondern in entsteintem, trockenen Zustand
püriert und mengenmäßig wie frische Früchte genommen.
Die Honigzugabe kann meistens entfallen.

125 g Butter
125 g Erdbeeren
evtl. 1 EL Honig

Die Ernährung des Säuglings

Die ideale Nahrung für den Säugling ist die Muttermilch. Ein Säugling kann gestillt werden, solange die Muttermilch ausreicht und solange Mutter und Kind das Stillen mögen. Der erste Zahn ist ein Zeichen der Natur, das signalisiert, daß das Kind auch einmal etwas anderes angeboten bekommen sollte als die Brust. Ein allmählicher Übergang auf frisches Obst und Gemüse kann jetzt erfolgen. Bewährt hat sich beim Zerkleinern die »Apfelreibe«, die es schon seit Jahrzehnten im Handel gibt. Bei den elektrischen Rührgeräten ist ein Mixstab (mit Schlagmesser) brauchbar.

Ist es etwa ein Jahr alt, kann das Kind am Tisch der Familie mitessen – natürlich Vollwertkost!

Wird das Kind aus irgendwelchen Gründen nicht gestillt, sollte es mit Frischkornmilch oder Frischkornmandelmilch ernährt werden, und zwar vom ersten Tag an. Dieser Vorschlag wird die Befürworter der Milchpräparate auf den Plan rufen. Wir sprechen jedoch aus jahrzehntelanger ärztlicher Erfahrung, und können zahlreiche gesunde und widerstandsfähige Vollwertkinder vorweisen.

Frischkornmilch

20 g Vollgetreide
40 ml Wasser
60 ml Rohmilch

Das Getreide wird mehlfein gemahlen und mit der angegebenen Wassermenge 5–8 Stunden (oder über Nacht) eingeweicht. Am Morgen wird dieser Getreidebrei mit 60 ml Rohmilch vermischt.

Frischkornmandelmilch

Das Getreide wird wie bei der Frischkornmilch vorbereitet. Die Mandelmilch wird extra zubereitet. Dazu werden etwa 10 g süße Mandeln gerieben oder püriert und mit Wasser zu einer Emulsion vermischt.

20 g Vollgetreide
40 ml Wasser
60 ml Mandelmilch

Getreide-Frucht-Getränk

Das Getreide mehlfein mahlen und wie im Rezept für Frischkornmilch einweichen. Die anderen Zutaten werden nach der Einweichzeit zum Getreidebrei gegeben und mit einem Mixer oder Schlagmesser sämig püriert und mit Tee aufgefüllt.

20 g Getreide
40 ml Wasser
1/3 Banane oder anderes Obst
5–6 süße Mandeln
Kräutertee (Fenchel, Anis o.a.)

Für den Säugling sollte die Nahrung so fein sein, daß sie durch den Sauger tropft, wenn die Flasche schräg gehalten und geschüttelt wird.
Am besten bewährt hat sich das Passieren durch ein feines Sieb oder – noch besser – das Zerkleinern mit einem Schlagmesser oder Mixstab, den Sie als Zusatzgerät für alle Handrührgeräte in jedem Haushaltsgeschäft kaufen können.

Wurde das Kind bisher mit Präparaten ernährt, die Fabrikzucker und Auszugsmehle enthielten, müssen diese bei der Frischkornmilch unbedingt weggelassen werden.

Es ist nie zu spät!

Die Ernährung des Sportlers

Der Sportler braucht keine Sonderkostformen und vor allen Dingen keine schädliche Eiweißmast mit tierischen Produkten.

Elektrolytgetränke und ein Aufputschen mit Traubenzuckerpräparaten – um nur einige Beispiele zu nennen – bringen einen steilen Anstieg der Blutzuckerkurve, der gesteigerte Leistung vortäuscht. Dem Anstieg folgt jedoch ein steiler Abfall mit Leistungsschwäche.

Eine konsequent durchgeführte Vollwertkost garantiert Dauerleistung und verhütet ernährungsbedingte Zivilisationskrankheiten, vor denen man sich durch Bewegung allein nicht schützen kann!

Die Ernährung des älteren Menschen

sollte eine vitalstoffreiche Vollwertkost sein, wie sie in diesem Buch dargestellt ist. Eine Umstellung ist selbst bei einem Achtzigjährigen noch möglich. Die Nahrung muß entsprechend zerkleinert werden, falls das Gebiß nicht mehr gesund ist, und sie muß gern gegessen werden. Das heißt: Eine besonders liebevolle, schmackhafte Zubereitung ist notwendig.

Es ist nie zu spät, um noch etwas für die Gesundheit zu tun!

233

Register allgemein

Register Rezepte

© Tomus Verlag GmbH, München
Alle Rechte der Verbreitung, durch Fernsehen, Funk, Film,
fotomechanische Wiedergabe, Bild- und Tonträger jeder Art, sowie
auszugsweiser Nachdruck vorbehalten.
Satz: Fotosatz Weihrauch, Würzburg
Druck: Graphicom, Vicenza, Italy
ISBN: 3-8231-5000-6